TATHIANA SCHULZE

Maternidade:
PRESENTE OU FARDO?

Encontrando alegria e propósito
em meio aos desafios diários

MATERNIDADE: PRESENTE OU FARDO?
Encontrando alegria e propósito em meio aos desafios diários
Por Tathiana Schulze
© Publicações Pão Diário, 2020

Coordenação editorial: Dayse Fontoura
Edição de conteúdo: Magno Paganelli, Dayse Fontoura
Revisão: Dayse Fontoura, Lozane Winter
Projeto gráfico e diagramação: Audrey Novac Ribeiro
Imagens: © Shutterstock

Dados Internacionais de Catalogação na Publicação (CIP)

Schulze, T. *Maternidade: presente ou fardo?* — *Encontrando alegria e propósito em meio aos desafios diários*
Curitiba/PR, Publicações Pão Diário, 2020.

1. Maternidade   2. Criação de filhos   3. Vida cristã

Proibida a reprodução total ou parcial, sem prévia autorização, por escrito, da editora.

Todos os direitos reservados e protegidos pela Lei 9.610, de 19/02/1998.
Pedidos de permissão para reprodução: permissao@paodiario.org

Exceto quando indicado o contrário, os trechos bíblicos mencionados são da edição Nova Versão Transformadora © 2016, Editora Mundo Cristão.

Publicações Pão Diário
Caixa Postal 4190,
82501-970 Curitiba/PR, Brasil
publicacoes@paodiario.org
www.publicacoespaodiario.com.br
Telefone: (41) 3257-4028

Código: XX413
ISBN: 978-65-87506-03-6

1.ª edição: 2020

Impresso no Brasil

Agradecimentos

A Deus. Ele me salvou, restaurou minha esperança, curou minha alma tão ferida e — apesar de conhecer todos os meus defeitos ou as centenas de vezes que fico irritada, que sou impaciente, que reclamo ou que duvido —, Ele ainda me chama de filha e me convida a me envolver com o que Ele faz.

Ao meu esposo Christian, por sempre me apoiar e acreditar em mim. Mesmo conhecendo todos os meus defeitos, ele nunca desistiu de mim. A sua paciência, estabilidade e calma são meu porto seguro.

Aos meus filhos amados, Joshua, Ian e Noah. Vocês são a realização do meu maior sonho: ser mãe. Cada um de vocês acrescentou prazer e alegria indescritíveis à minha vida. Se tudo que me fosse permitido fazer nesta vida fosse ser a mãe de vocês, ainda assim me sentiria totalmente realizada, completa e satisfeita. Sou muito mais feliz porque tenho vocês.

Ao meu pai Ruy, a minha mãe Rosi e ao meu irmão Thiago. Amo vocês e serei eternamente grata por tudo o que fizeram e fazem por mim. Vocês são os meus maiores exemplos de amor.

Às minhas amigas Patrícia e Andréia. É necessário ter coragem para compartilhar o amor de Jesus com alguém. E vocês tiveram essa coragem.

Aos meus pastores Saulo dos Santos e Priscila, que conseguiram enxergar o chamado de Deus em minha vida quando eu mesma não o via.

À minha intercessora e amiga Marilu, que orou e sonhou comigo por este projeto.

A minha igreja MSBN. Cada um de vocês tem sido instrumento de Deus para encorajar, exortar, e abençoar a minha vida.

Às queridas mamães que leem e acompanham o meu *blog*. Às milhares de mensagens que recebo de mamães que amam profundamente os seus filhos, mas muitas vezes sentem-se perdidas, desanimadas e desvalorizadas. Foram vocês que me impulsionaram para escrever este livro. Oro para que cada leitor ou leitora seja ministrado e edificado por Deus através destas páginas.

A toda a equipe de Publicações Pão Diário, que com dedicação e excelência trabalharam para que este sonho se tornasse realidade. Muito obrigada por acreditar neste projeto!

Sumário

Introdução 7

1. Duas mulheres — duas escolhas 11

2. Três mentiras em que as mães acreditam 17

3. É tempo de semear 47

4. Demasiadamente ocupadas, importantes e distraídas 73

5. Descobertas, prioridades e expectativas 89

6. A fórmula "nada mágica" de Jesus para um lar feliz 107

7. Não é o que você faz que importa, mas sim quem você é.................................. 115

8. A maior lição que posso ensinar 135

Introdução

O resultado positivo do teste de gravidez geralmente vem acompanhado de muita alegria e de celebrações pelo casal que deseja começar uma família. Contudo, a alegria não vem desacompanhada. Ela traz expectativas, ansiedades quanto a um futuro desconhecido e novo. Ela traz medo das mudanças e muitos pitacos de amigos e familiares. A mulher, que espera ansiosamente pelo momento em que poderá olhar pela primeira vez o rostinho do seu bebê e pegá-lo no colo, é a primeira a sentir as mudanças. Enjoos, modificações no corpo, cansaço ou sono exagerados.

Fica claro, desde o começo, que a maternidade não é a estação das flores. Aquelas "famílias perfeitas" dos comerciais de margarina ou das fotos de princesas da Inglaterra, saindo da maternidade com vestidos impecáveis, não é a realidade para a maioria de nós, em qualquer parte do planeta.

Este momento de extrema alegria, satisfação e sonhos realizados, que é o nascimento de um filho, também vem acompanhado de dúvidas, de inseguranças e pela preocupação sobre se estamos fazendo o melhor por nossos pequenos. Muitas de nós precisam se dividir entre centenas de funções: esposa, mãe, amiga, filhas de pais idosos (que podem precisar de cuidados especiais), donas de casa, profissionais, motoristas, conselheiras e tantas outras atividades que são exigidas de nós. Sentimo-nos como que puxadas por todos e em todas as direções, como se fôssemos feitas de elástico. Mas, por vezes, esse elástico sente que está prestes a se romper por conta do excesso de tensão.

Sentimo-nos sobrecarregadas e até culpadas porque amamos ser mãe e amamos nossos filhos intensamente, mas diariamente nos vemos diante de dificuldades que não imaginávamos enfrentar quando tudo era apenas um sonho.

Descobrimos cedo o que é ser mãe em um mundo real, seja num parto difícil que não correu como esperado, seja nas cólicas que mantêm nossos bebês e nós acordadas a noite inteira. Enfim… o mundo parece nos desafiar, desde os aspectos financeiros até as pessoas que nos decepcionam, ou pelos dias difíceis e cansativos. Percebemos, logo no começo dessa história de amor, que uma nova mãe surge no dia em que nasce o seu tão esperado bebê. E neste novo mundo que está diante dela, essa mãe sente-se tão pequena e perdida, como o seu recém-nascido.

Será possível encontrar alegria, contentamento e um propósito nesta jornada chamada maternidade? Seguiremos amando os nossos filhos, mas lá no fundo do nosso coração, será que os vemos como um precioso presente merecedor de honra e cuidado, ou como mais um peso à nossa vida que já não é perfeita?

Quero, desde já, que a leitora entenda o meu posicionamento diante de tudo isso. Tenho convicção de que os nossos filhos são um presente precioso confiado a nós; também creio que ser mãe de crianças pequenas é uma das fases mais lindas na vida de uma mulher. Porém, esse presente vem acompanhado de uma grande responsabilidade: ensiná-los, educá-los e amá-los. Entendo que cada novo dia traz a oportunidade para semear amor, conhecimentos e o exemplo pessoal na vida de nossas crianças.

Teremos dificuldades? Certamente haverá muitas. Mas se entendermos a importância da nossa missão, deixaremos de acreditar em alguns mitos e mentiras que a sociedade e a cultura ao nosso redor querem nos fazer aceitar, alinharemos as nossas prioridades a essa nova fase e escolheremos a alegria. Agindo assim, poderemos, sim, encontrar contentamento e propósito, mesmo em meio a todos os desafios e as dificuldades do dia a dia de ser mãe. Quando compreendemos o propósito de Deus para o relacionamento entre pais e filhos, a maternidade passa a ser um fascinante projeto de vida que traz regozijo, paz, satisfação, contentamento e alegria.

PAUSA PARA REFLEXÃO

1. Procure relembrar os primeiros minutos que teve com o seu filho. O que você sentiu? Quais sensações experimentou?

2. Quando você acorda pela manhã, qual sua percepção do dia que tem diante de si?

3. Você sente os desafios como um peso difícil de suportar ou como uma oportunidade a ser celebrada?

4. Você tem olhado para o dia que se inicia com expectativa e gozo ou com reclamação e desânimo? Por quê?

1

Duas mulheres – duas escolhas

A Bíblia relata a história de duas mulheres, duas irmãs. Tal narrativa deixa claro que elas amavam o Senhor Jesus. Tão ou mais importante do que esse fato é que Jesus amava essas irmãs e se importava com essas servas. Em João 11 lemos: "Jesus amava Marta, Maria e Lázaro" (v.5). Duas mulheres, ambas amavam a Jesus e ambas eram amadas por Ele. No entanto, certo dia, uma diferença entre elas veio à tona. Jesus estava viajando com os Seus discípulos e parou para descansar na casa de Marta e Maria. Certamente, as duas sentiram-se honradas com a visita, pois Jesus era amigo daquela família e eles se amavam mutuamente. O amor de Maria por Jesus era acompanhado de imensa alegria, paz e vontade de estar na presença desse Mestre extraordinário.

Marta também amava a Jesus, mas a visita do Senhor lhe gerou preocupação, cansaço, irritação, distração e ansiedade. Além disso, não bastava a Marta sofrer sozinha; ela murmurava e reclamava a respeito de sua irmã.

> *Jesus e seus discípulos seguiram viagem e chegaram a um povoado onde uma mulher chamada Marta os recebeu em sua casa. Sua irmã, Maria, sentou-se aos pés de Jesus e ouvia o que ele ensinava. Marta, porém, estava ocupada com seus muitos afazeres. Foi a Jesus e disse: "Senhor, não o incomoda que minha irmã fique aí sentada enquanto eu faço todo o trabalho? Diga-lhe que venha me ajudar!". Mas o Senhor respondeu: "Marta, Marta, você se preocupa e se inquieta com todos esses detalhes...".* —LUCAS 10:38-41

Esse quadro nos coloca diante de duas mulheres que viveram a mesma circunstância, que foi sentir a alegria de ter Jesus em sua própria casa. No entanto, para uma delas a visita de Jesus se tornou um peso, um fardo, enquanto para a outra a presença dele era uma dádiva. Por que as duas mulheres, que amavam tanto a Jesus e eram amadas por Ele, tiveram experiências tão radicalmente opostas, diferentes, da presença de Jesus em sua casa?

A resposta não sou eu quem dará, mas o próprio Jesus. Marta foi até Jesus para reclamar de Maria, ao que o Mestre respondeu: "Marta, Marta, você se preocupa e se inquieta com todos esses detalhes" (v.41).

Insisto: duas mulheres que amavam a Jesus e eram amadas por Ele. Entretanto, cada uma delas tinha um posicionamento diferente diante da mesma circunstância que experimentaram. Cada uma enfrentou o momento de forma distinta: uma vendo-o como um peso, e a outra vivendo-o como um presente. Maria entendeu que aquele momento era único, especial. Ela percebeu que deveria priorizar àqueles poucos instantes. Ela realmente se fez presente, e aproveitou verdadeiramente aquele momento. Agindo assim, teve paz e descanso em sua alma.

Já a sua irmã, Marta, considerou que aquele momento era um peso, que talvez aquela nem fosse uma boa hora para Jesus estar em sua casa, ainda que sentisse isso inconscientemente. Se pudéssemos lhe perguntar o motivo, creio que ela diria: "É claro que eu amo Jesus, e é muito bom tê-lo aqui". Porém, suas atitudes exteriorizaram aquilo que ela trazia dentro de si.

De acordo com o próprio Jesus, Marta estava preocupada e inquieta. Ela estava ocupada "com todos [os] detalhes" do trabalho em sua casa. Em *O Livro*, outra versão da Bíblia, apresenta a resposta de Jesus desta forma: "Marta, Marta, como tu te deixas prender por tantas coisas!".

A preocupação nos distrai e nos rouba o momento presente, antecipa momentos futuros que podem nem vir a acontecer. A própria palavra que descreve essa sensação fala por si: preocupação (pré-ocupação), ela nos ocupa antecipadamente. A preocupação nos cega a ponto de não enxergarmos e não entendermos as dinâmicas do momento que vivemos. Marta amava a Jesus e Ele estava em sua casa. No entanto, Ela privou-se de usufruir desse momento tão singular porque se deixou "prender por tantas coisas".

Jesus conhecia o coração de Marta e foi direto ao cerne da questão: tantas coisas estavam "prendendo", "inquietando" a sua mente, alma e coração. E, diante disso, Jesus afirmou que "Apenas uma coisa é necessária" (v.42).

A história dessas irmãs, Marta e Maria, ensina-me sobre a maternidade, pois me identifico com Marta. Por muitos anos, eu não conseguia compreender o motivo de Jesus repreender Marta em vez de mandar Maria se levantar e ajudar a irmã. Foram anos até eu entender que o problema de Marta não era ela estar ocupada servindo Jesus. O problema encontrava-se sob a superfície da narrativa: estava na alma de Marta. É preciso ler as entrelinhas para se chegar ao ponto nevrálgico da situação dela. Marta se deixava preocupar, inquietar, prender e distrair por tantas coisas, que aquilo que realmente importava, no final das contas se tornava mais um peso em sua alma já cansada.

Nós, mulheres e mães, vivendo em um tempo de tantas distrações e de tanta agitação, corremos o risco de repetir o erro de Marta em nossa vida. Amamos Jesus e amamos os nossos filhos. Importamo-nos verdadeiramente com eles, mas ao permitirmos que tantas coisas nos prendam e nos preocupem, chegamos ao meio da jornada sem sentirmos o prazer inicial e a alegria plena daquele que fora o nosso sonho. Sendo assim, tiramos os olhos do nosso propósito e olhamos somente para o que é momentâneo, passageiro. É fácil nos distrairmos com "os detalhes" e nos esquecermos de que apenas pouco é necessário.

Caso você esteja passando por isso, o que fazer para reverter o quadro, para mudar a situação? Nos próximos capítulos, vamos mergulhar mais naquilo que Jesus chamou "muito", e que tenta nos distrair, preocupar e roubar a nossa alegria. Ao identificarmos isso, poderemos enxergar o que nos atrapalha e nos concentrar no pouco que é necessário.

Você poderá identificar se a sua rotina tem sido como a de Marta, que amava Jesus e era amada por Ele, mas estava presa a tantas coisas que não desfrutou a jornada. Além de tudo, ela se estressava com aqueles que experimentavam a vida em abundância. No final, Jesus indicou qual era o seu problema e certamente ela se livrou dele. Se esse for o seu caso, a boa notícia é que ainda há tempo de se posicionar, mudar o foco e se desprender da mentalidade que a impede de escolher a melhor parte. É isso o que veremos!

PAUSA PARA REFLEXÃO

1. O que você aprende com a história de Marta e Maria?

2. Com qual das irmãs você mais se identifica? Por quê?

3. Será que cometemos os mesmos erros de Marta com relação aos nossos filhos? De que forma?

4. Você já viveu uma situação em que um presente que recebeu se tornou um peso em sua vida? O que tornou esse presente um peso?

2

Três mentiras em que as mães acreditam

E não vos amoldeis ao sistema deste mundo,
mas sede transformados pela renovação das vossas
mentes, para que experimenteis qual seja a boa,
agradável e perfeita vontade de Deus.
—ROMANOS 12:2, KJA

A mente humana é como um campo de batalha. De um lado, estão concentradas as mentiras do inimigo. Do outro, a verdade conforme Deus reserva, deseja e comunica à nossa vida, do modo como estão reveladas em Sua Palavra. Tem sido assim desde o princípio da Criação.

Logo no início, Satanás lançou dúvidas na mente de Eva sobre o que Deus havia dito. Eva acreditou na mentira do inimigo e a partir de então, culpa e vergonha passaram a conviver com ela e a fazer parte de sua vida.

Lembro-me de um dia quando tive a oportunidade de preparar um material para um estudo bíblico em nossa igreja, usei como base o seguinte versículo: "'Porque eu sei os planos que tenho para vocês', diz o Senhor. 'São planos de bem, e não de mal, para lhes dar o futuro pelo qual anseiam'" (JEREMIAS 29:11). Naquele dia falamos sobre como, muitas vezes, o inimigo lança sementes de acusação a nossa mente, pensamentos que nos roubam a esperança, dizendo que é tarde demais para nós e para realizar os nossos planos. A partir daí, refletimos juntos e procuramos identificar quais eram as mentiras que estavam abrigadas em nossa mente e que acreditávamos serem verdades. Para contrastar a situação, conduzi as pessoas a perceberem como esse versículo nos mostra que Deus tem pensamentos bons, de paz, de esperança em nosso favor.

Discorremos também sobre como a convicção de pecado que o Espírito Santo nos traz é diferente da palavra ou sugestão de condenação lançada pelo inimigo. Deus nos diz que "...se confessamos nossos pecados, ele é fiel e justo para perdoar nossos pecados e nos purificar de toda injustiça" (1 JOÃO 1:9). Já o inimigo sequer admite qualquer chance de redenção, antes, nos condena implacavelmente, dizendo que não há mais esperança.

Dias depois, um senhor que participara desse estudo bíblico compartilhou comigo o quanto aquela ministração havia mudado a sua vida. Ele passara décadas acreditando que provinham de Deus toda desesperança que sentia quanto ao futuro, todos pensamentos sobre inadequação social que enfrentava, de que nunca seria um bom marido ou um bom pai. Ele viveu debaixo das mentiras do acusador sem jamais perceber isso até então.

Aquilo que pensamos e no que meditamos influencia o modo como nos sentimos e agimos. Saber que há opções melhores sobre o que pensamos e meditamos nos preparará para nos mantermos alertas diante da guerra que acontece em nossa mente.

Max Lucado, em seu livro *Sem medo de viver* (Ed. Thomas Nelson, 2009), fez uma analogia bem interessante a esse respeito.

Ele afirma que o medo, a desesperança, a condenação e a culpa podem até bater à porta da nossa mente, mas a decisão de abrir a porta e convidá-los para entrar e sentar-se será nossa. Esta frase, atribuída por muitos a Martinho Lutero, reforça essa ideia: "Você não pode impedir que um pássaro pouse em sua cabeça, mas, pode impedir que ele faça ninho".

Somos bombardeadas por pensamentos, conceitos e ideias que diferem o tempo todo da verdade expressa na Palavra de Deus. Temos a opção de permitir que mentiras criem raízes em nossa alma ou impedir que se firmem em nós. O desejo do inimigo é que fiquemos enredados em seus enganos, acreditando em mentiras sobre nós mesmos, sobre o que fazemos e sobre Deus.

Por exemplo, a Palavra nos diz que fomos criados à imagem e semelhança de Deus e que embora o pecado tenha distorcido a natureza humana, ainda assim somos preciosos para Deus. Ela afirma, ainda, que quando estamos em Cristo Jesus, refletimos a glória de Deus entre os homens. Porém, o inimigo quer que acreditemos que a nossa vida não tem valor algum. Como ela não tem valor se Cristo nos resgatou e o Seu Espírito habita em nós? Como não temos valor se recebemos os dons de Deus e somos ferramentas usadas por Ele em Seu reino e para falar do Seu amor às pessoas?

A Palavra também nos diz que o que fazemos é importante. Diz que através das boas obras que fazemos, as pessoas glorificarão ao Senhor (MATEUS 5:16). Sendo assim, o inimigo quer que acreditemos que o nosso trabalho não é importante.

A Palavra de Deus afirma que os planos do Senhor para a nossa vida são bons, planos de bem e de paz. Já o inimigo quer que duvidemos da bondade e da sabedoria de Deus (Gênesis 3) e de que Ele deseja nos dar a paz (JOÃO 14:27).

Quando entendemos e aprendemos que a nossa mente é como um campo de batalha e que podemos ter domínio sobre o que se passa nela (lembrando que o domínio próprio é fruto do Espírito – Gálatas 5:22,23), cabe a nós tomar uma decisão: voltar nossa mente, nossos pensamentos e nosso entendimento para as verdades da Palavra ou viver de acordo com a mentalidade da carne, deste mundo. Então, vamos combinar que daqui por diante só acreditaremos e meditaremos na verdade?

Aqueles que são dominados pela natureza humana pensam em coisas da natureza humana, mas os que são controlados pelo Espírito pensam em coisas que agradam o Espírito. Portanto, permitir que a natureza humana controle a mente resulta em morte, mas permitir que o Espírito controle a mente resulta em vida e paz. Pois a mentalidade da natureza humana é sempre inimiga de Deus. Nunca obedeceu às leis de Deus, e nunca obedecerá. Por isso aqueles que ainda estão sob o domínio de sua natureza humana não podem agradar a Deus. Vocês, porém, não são controlados pela natureza humana, mas pelo Espírito, se de fato o Espírito de Cristo habita em vocês. —ROMANOS 8:5-9

Do modo como podemos passar a nossa vida toda acreditando em mentiras sobre quem nós somos e sobre o propósito de Deus para nossa vida, também podemos ser enganadas e acreditarmos em mentiras com relação à maternidade e sobre a importância do nosso trabalho como mães.

Três mentiras que afligem as mães

Há três mentiras que precisam ser desmascaradas, pois além de martirizar muitas mães, não vale a pena mantê-las em nossa mente.

Primeira mentira: *Edificar a próxima geração não é um trabalho importante*

Estudei jornalismo na Pontifícia Universidade Católica (PUC) do Paraná. Formei-me com boas notas e sempre gostei muito de escrever. Havia quem acreditasse em um futuro promissor para mim como jornalista. Quando me mudei para os Estados Unidos e me casei, meu esposo e eu sempre estivemos muito envolvidos com ministérios nas igrejas onde servimos. Lideramos o ministério infantil por anos e anos, também lideramos ministério de jovens e adolescentes, lecionamos na escola bíblica aos domingos, em cursos teológicos e realizamos muitas outras atividades à parte de nossas carreiras profissionais.

Quando tivemos os nossos filhos, foi necessário reorganizar as prioridades. Sempre foi bem claro para mim que o meu papel mais importante era servir à minha família — sendo uma auxiliadora idônea e educando os meus filhos.

Isso nunca foi um problema pessoal. Jamais me senti diminuída ou sem importância por me ocupar com as demandas de minha família. Ao mesmo tempo, isso não significava que eu não poderia trabalhar, ter um *hobby* ou estudar; mas sim que eu não poderia negligenciar a educação, a formação dos meus filhos em troca dessas outras coisas.

No entanto, percebi que não é assim que a maioria das pessoas pensa, seja dentro ou fora da igreja. Perdi a conta de quantas ligações ou conversas eu tive com pessoas que queriam dar uma "ajudinha" (o que eu não estava procurando) para que eu pudesse "voltar ao mercado de trabalho", "para eu fazer algo por mim mesma", "para eu me valorizar", ou "para eu não enterrar os meus talentos". Eu ouvi todas essas frases "motivadoras".

Sempre que estávamos conversando, quer por telefone ou pessoalmente, algumas pessoas dos meus círculos familiar e profissional insistiam em perguntar sobre quando eu retomaria a minha carreira para "fazer algo importante", segundo o entendimento delas. Uma pessoa da família, a quem amo muito, sempre dizia: "Ter filhos é muito bom, mas você tem capacidade para fazer mais do que isso".

Infelizmente, percebi a mesma mentalidade dentro da igreja. Os meus filhos tinham cerca de dois e quatro anos e o caçula ainda estava na barriga quando recebi a ligação de uma irmã sugerindo uma lista de opções de trabalhos, pois, segundo ela, "eu estava enterrando os meus talentos deixando de trabalhar fora, e o mundo precisava de mim".

Mas eu estava completamente em paz com o que fazia naquela época em minha vida. Sentia-me realizada como mãe e como mulher dentro da sociedade. A cada dia eu descobria que não são necessários títulos ou cargos para fazermos a diferença na vida de outras pessoas, nem mesmo da sociedade. Basta um coração disposto a servir e sempre encontraremos pessoas que precisam de algo que possamos fazer ou falar para elas!

Eu nunca tive tantas oportunidades de conhecer pessoas, de ouvir mulheres, de tomar um café e compartilhar a razão da minha esperança com outros (1 PEDRO 3:15). Havia em mim uma tremenda satisfação em cuidar dos meus filhos e em passar tempo com eles. Jamais, em momento algum, fui coagida a priorizar a minha família, nem o fazia por medo. Realmente havia prazer em mim ao fazer isso, pois eu sabia do papel fundamental que desempenhava na vida dos meus meninos durante a infância deles.

Diante disso, eu percebi que existe um pensamento tão arraigado em nossa sociedade, em nossa cultura, de que não somos importantes se não temos uma carteira de trabalho assinada ou um CNPJ ativo.[1] Eu acabava sentindo-me pressionada

---

[1] O CNPJ, Cadastro Nacional de Pessoa Jurídica, é o "CPF" das empresas.

a dar uma satisfação à sociedade, como se tivesse obrigação de prestar contas aos outros de quando ocuparia o meu tempo com algo "mais importante" do que ser mãe. Não adiantava eu dizer que não tinha parado de servir nos ministérios da igreja, que fazia alguns *freelancers* escrevendo para revistas, que ganhava um dinheirinho fazendo "uns bicos" ou que trabalhava como professora substituta em uma escola. A questão eram títulos e cargos, e estes eu não tinha.

Existe uma mentira, um engano profundo que diz que o cotidiano de cuidar de uma vida, de uma família, não é algo importante. Embora jamais tivesse dúvida sobre a importância do meu trabalho dentro do lar, ainda assim as constantes indiretas e sugestões de que eu, uma mulher que "abandonara a carreira", não estava feliz sendo "simplesmente uma mãe" incomodavam. Com isso, pude entender o motivo de tantas mulheres se sentirem frustradas, humilhadas e menosprezadas.

Percebi que cuidar de uma criança, ensiná-la no caminho da verdade, preparar uma refeição para ela, trocar fraldas, preparar um ambiente de amor e segurança emocional não é suficiente para a sociedade que nos cerca, posto que, para essa sociedade, esse papel deveria ser relegado a alguém menos preparado, menos competente. Isso fica claro quando nos perguntam: "Qual a sua profissão?", visto que coloca em palavras o entendimento silencioso sobre o que importa e o que não importa para as pessoas em nossa contemporaneidade. Mas experimente descuidar da educação de um filho e ele se tornar um problema social! Aí, rapidamente, a mãe poderá ser acusada de negligente, de despreparada e coisas do tipo.

Sob tanta pressão, temos acreditado que o nosso trabalho como mãe não é importante. Porém, as vozes ao nosso redor não são a melhor nem a última palavra a respeito do que somos ou fazemos. Quando quero me inteirar sobre o meu papel em determinada área, recorro à Palavra de Deus, pois nela encontro a verdade que nos liberta dos verdadeiros "pesos". A Bíblia traz diversas passagens que citam o papel fundamental da mulher na vida de uma família e principalmente dos filhos: treinando-os (DEUTERONÔMIO 6), educando-os (PROVÉRBIOS 31), amando-os (TITO 2) e aconselhando-os (PROVÉRBIOS 1:8). As Escrituras também afirmam que "Os filhos são um presente do SENHOR, uma recompensa que ele dá" (SALMO 127:3).

Em Malaquias 2, lemos que um dos propósitos do casamento é gerar uma descendência que conheça a Deus: "Acaso o SENHOR não o fez um só com sua esposa? Em corpo e em espírito vocês pertencem a ele. E o que ele quer? Dessa união, quer filhos dedicados a ele" (v.15). A Bíblia é bastante clara sobre a responsabilidade que existe de uma geração transmitir à próxima geração o conhecimento, a sabedoria e o amor de Deus.

> *Não esconderemos essas verdades de nossos filhos; contaremos à geração seguinte os feitos gloriosos do SENHOR, seu poder e suas maravilhas. Pois ele estabeleceu seus preceitos a Jacó, deu sua lei a Israel. Ordenou a nossos antepassados que a ensinassem a seus filhos, para que a geração seguinte, os filhos ainda por nascer, a conhecesse, e eles, por sua vez, a ensinarão a seus filhos. Portanto, cada geração deve pôr sua esperança em Deus, não esquecer seus poderosos feitos e obedecer a seus mandamentos.* —SALMO 78:4-7

Independentemente de trabalhar ou não fora, independentemente de títulos ou cargos imponentes, é mentira que o trabalho de cuidar e ensinar os nossos filhos não têm importância. O espírito desta geração, certamente instigado pelo inimigo de Deus, quer nos levar a acreditar nessa mentira. Ele sabe que se conseguir nos colocar abaixo desse nível, viveremos frustradas e nos sentiremos fracassadas em nossa missão de ser mãe e em nosso papel como mulher, pois pensaremos que criar filhos é algo insignificante e sem valor e que foi uma péssima decisão optar por iniciar uma família.

Se acreditarmos na mentira de que edificar a próxima geração é irrelevante, os nossos esforços diminuirão e o resultado do nosso trabalho será precário, pois o teremos feito de maneira descuidada, sem zelo e sem a devida dedicação.

Não importa se os nossos adversários sejam espirituais, ideológicos ou culturais, o que eles querem é exatamente isto: que os nossos filhos cresçam sem o precioso e essencial fundamento proveniente do lar. Há uma pressão social cujo objetivo é a promoção de uma educação que não educa, a fim de que essa geração, quando for jovem ou adulta, seja uma geração de gente fraca, acrítica, de alma insensível e escravizada por convicções à margem da vontade de Deus. Observando atentamente o ritmo das mudanças que vejo na sociedade, nos meios educacionais, culturais e na mídia, percebo que a destruição da alma dos nossos filhos é um objetivo que tem sido perseguido.

Desde o tempo de Moisés, acontecem tentativas de destruir uma nova geração. Quando Jesus nasceu foi impetrado um decreto para que "todos os meninos de dois anos para baixo" fossem mortos "em Belém e seus arredores" (MATEUS 2:16). Em nossos dias essa tentativa continua, mas os sórdidos planos de trazer destruição são mais sutis e sofisticados. Se pais e mães não entenderem a importância da educação de seus filhos, as crianças crescerão sem desenvolverem um forte e bem definido senso de identidade, sem o tão importante sentimento de pertencimento a uma família, e sem terem um projeto e um propósito claro para suas vidas.

A mentira, portanto, é que a nossa missão como pais e mães é irrelevante, mas a verdade é que essa missão foi estabelecida pelo próprio Deus, pois além de importante é rica e abençoadora: "Que todas estas palavras que hoje te ordeno estejam eu teu coração, *tu as ensinará com toda perseverança e zelo aos teus filhos*" (DEUTERONÔMIO 6:6, KJA – ÊNFASE ADICIONADA).

Segunda mentira: *Crianças e adolescentes são um fardo*

Como cristãos, seja exercendo o papel de mãe, de pai, de mentor para alguém, de pastor ou de um professor, não podemos cair no erro de acreditar que edificar a próxima geração é um trabalho de segunda categoria. Empresas de ponta investem bilhões de dólares na preparação de pessoas para o futuro de seus negócios e por que a primeira (e principal) preparação dessas mesmas pessoas, como cidadãs, seria de menor importância? Muitas de nós conhecem a máxima expressa por Peter Schutz, que presidiu a montadora alemã Porsche entre 1981 e 1986: "Contrate caráter, treine habilidades". Penso não ser preciso explicar isso!

Há mais de uma década, trabalho com ministério infantil e com pré-adolescentes, e já trabalhei em escolas de ensino infantil. Como você já deve ter notado, sempre gostei muito de crianças. Mas recentemente algo mudou em meu coração. Sinto que Deus tem aberto os meus olhos para ver essas crianças de uma perspectiva nova e diferente. Eu as vejo como elas são de fato, quais são as suas necessidades, e posso compreender com mais intensidade que o êxito da próxima geração é nossa responsabilidade.

Atualmente tenho liderado o ministério infantil na igreja na qual congregamos em Atlanta. Temos uma equipe maravilhosa de professores. De vez em quando, quando algum professor não pode estar presente, gosto de substituí-los nas aulas e conversar com as crianças. Temos uma turma para crianças de 10 a 12 anos que são cheias de vida e daquela atitude típica de pré-adolescentes, eles olham para nós como que dizendo: "Eu sei tudo e você não sabe nada".

Em uma dessas aulas, começamos a conversar e a fazer algumas dinâmicas. Aos poucos, uma das crianças começou a abrir o seu coração, a compartilhar as suas dúvidas, os seus medos e anseios. O seu quebrantamento levou várias outras a baixarem a guarda e a permitirem revelar o que estava por baixo daquela pose de "eu sou demais". Vieram à tona os seus medos, ansiedades, inseguranças, relacionamentos rompidos com os pais. Muitas delas se mostraram sem um propósito na vida. Várias disseram que se consideravam um fardo na vida familiar, sentindo-se responsáveis pela infelicidade da mãe ou do pai.

Durante aquela aula, o meu coração encheu-se de misericórdia por aquelas crianças e eu comecei a perceber como temos falhado em investir na formação da próxima geração. Realmente, muitas vezes nós os temos tratado como um peso, seja dentro da família, das escolas ou da própria igreja.

Passado um tempo, depois da referida aula, eu fui dar um treinamento sobre trabalho com crianças em uma igreja. Alguns líderes e pastores se reuniram para discutir sobre o ministério infantil local e me convidaram para estar com eles. Observei que eram pessoas extremamente bem-intencionadas, mas que tratavam o ministério infantil como um peso, como um problema a ser resolvido.

Nesse encontro, ouvia-se frases que infelizmente são comuns de se ouvir entre pais e líderes. Eram sentenças que proferimos sem pensar e sem considerar o peso que as nossas palavras têm, tais como: "O ministério infantil é o ministério mais difícil que existe"; "Os pais vêm aqui, largam os filhos e ainda acham que nós somos responsáveis por educá-los"; "Essas crianças dão muito trabalho, são mal-educadas, estão insatisfeitas"; "Os professores não têm paciência"; "É um peso cuidar desse ministério".

Uma das ideias que alguém deu naquela reunião foi acabar com as classes da escola bíblica para crianças acima de 8 anos. O argumento foi: "Crianças com mais de 8 anos aguentam ficar no culto (dos adultos) sem incomodar". Com essa sugestão, percebi que mesmo pessoas que amam a Deus e são bem-intencionadas podem cair no erro de acreditar, sem se darem conta, na mentira de que a próxima geração, que hoje são crianças, são um peso que nos impedem de fazermos algo mais importante hoje. Será que tem se cumprido na geração atual de pais e mães aquilo que Jesus disse como advertência? "E, por causa da multiplicação da maldade, o amor da maioria das pessoas se esfriará" (MATEUS 24:12, KJA). Oro a Deus para que não.

Enquanto participava daquela reunião, senti o Espírito Santo trazer ao meu coração o seguinte versículo: "Quando viu as multidões, teve compaixão delas, pois estavam confusas e desamparadas, como ovelhas sem pastor" (MATEUS 9:36).

Durante semanas, enquanto orava pelo ministério infantil, por cada criança, pelas diretrizes que devíamos dar a esse trabalho em minha própria igreja, esse versículo voltava à minha lembrança e inquietava o meu coração. Era como se o Senhor estivesse dizendo que o Seu coração estava cheio de compaixão pelas crianças desta geração, pois elas estavam perdidas, desorientadas, como ovelhinhas que não têm pastor. Entendi que temos falhado em nossa missão de investir na próxima geração e prepará-la para enfrentar os desafios que logo chegarão. Não as temos conduzido como bons pastores. As crianças têm sido negligenciadas, vistas como um peso, seja dentro do lar, da igreja, ou na escola; e as consequências têm sido desastrosas:

drogas, depressão, suicídio, promiscuidade como nunca vimos antes entre crianças de 12 e 13 anos.

Desde então, o Senhor tem colocado esta advertência em meu coração: "Olhe para estas crianças, olhe para esta geração. Sinta compaixão por elas, tenha compaixão. Elas andam perdidas, aflitas, desorientadas, confusas, como ovelhinhas que não têm pastor".

Você já pensou em como vive uma ovelha sem pastor? Ela é presa fácil para os predadores e certamente não resistirá por muito tempo. O interessante de se observar nessa passagem de Mateus, é que quando Jesus olhou para a multidão, Ele não viu ovelhas rebeldes, desobedientes, fujonas ou que gostavam de se meter em problemas. Ele viu ovelhas sem pastor. Ele viu a multidão perdida e sem a direção de um pastor. A falha, no entanto, não estava na ovelha, estava no pastor que não estava presente cumprindo a sua função.

As nossas crianças e adolescentes precisam desesperadamente de alguém que os guie, que os oriente nessa longa jornada chamada vida. As nossas crianças precisam desesperadamente de alguém que esteja disposto a não fazer o que é mais fácil, mas o que é requerido. O Senhor nos deu a responsabilidade de amar, cuidar, de guiar e estabelecer um fundamento para elas no futuro que está às portas. Os nossos filhos, sobrinhos e alunos precisam de nós. Recentemente abri o *Facebook* de um adolescente, filho de um amigo que mora no Brasil. As primeiras fotos e comentários me deixaram chocadas ao ver um adolescente postando fotos *sexy* de seu corpo e insinuando comportamentos bissexuais. Comecei a clicar no *Facebook* dos amigos daquele adolescente e observei o mesmo comportamento, o mesmo estilo de postagens, e isso em crianças de 12, 13 anos. São crianças que postam fotos *sexy*, que postam frases sobre odiar a vida, sobre não se sentirem amadas, fotos em festas com drogas, bebida e sexo livre... esse é o retrato de um rebanho sem pastores.

Conversando com uma amiga, eu a ouvi contar que onde os seus filhos estudam, uma escola de Ensino Fundamental (sexto ao nono anos) para famílias ricas, está tomada de jovens usuários de drogas, e a polícia tem sido chamada frequentemente para intervir em determinadas situações. Isso porque o inimigo continua com o seu plano para roubar a paz das pessoas, matar os seus sonhos e destruir as famílias. Se continuarmos lendo Salmo 78 veremos que o motivo pelo qual o Senhor nos ordena a ensinar às próximas gerações é para que elas não se rebelem nem deixem de reconhecer Deus nem a Sua orientação para suas vidas: "...para que [depositem] em Deus sua confiança e não se [esqueçam] dos feitos de Deus, mas [guardem] seus mandamentos" (SALMO 78:7, KJA).

Diariamente, este versículo queima em meu coração: "Quando viu as multidões, teve compaixão delas, pois estavam confusas e desamparadas, como ovelhas sem pastor" (MATEUS 9:36). A sensação que eu tenho é que a geração de crianças e adolescentes de hoje está assim: perdida, sem direção e sem liderança. Têm sido criadas e educadas por celebridades do *Youtube* ou do *Instagram*. Satisfazem a necessidade de se sentirem amadas, de pertencerem e de terem um propósito de vida por meio de canais e das formas mais vazias possíveis, mas que jamais poderão satisfazer a alma humana e preencher o vazio que somente Deus é capaz de preencher.

Desde o primeiro dia que Deus falou comigo eu respondi: "Aqui estou; envia-me..." (ISAÍAS 6:8). Em meio às minhas dificuldades e imperfeições, quero me dispor a ponto de não deixar passar oportunidades de semear vida na próxima geração. Quero me prontificar a fortalecer outras mães e outros líderes.

Quero compartilhar a minha paixão por esse trabalho tão necessário de edificar a próxima geração.

Como mãe, todos os dias quero reconhecer humildemente a importância do meu trabalho e aproveitar cada oportunidade que tenho para plantar boas sementes na vida dos meus filhos. Também quero estar atenta e disponível para plantar boas sementes na vida de outras crianças e adolescentes que cruzarem o meu caminho. Seja em uma sala de aula na igreja, seja em uma creche, seja na vizinhança, seja em um parque.

Não importa se estarei com aquela criança uma única vez ou muitas mais, minha missão será plantar uma boa semente, nem que seja apenas para dizer a ela algo motivacional, como: "Que legal! Eu vi você chutando aquela bola bem forte. Você é muito bom nisso. Parabéns!". Uma palavra de incentivo é algo que eles esperam de nós, e é algo tão simples que me recuso a não reconhecer e a não manifestar em palavras o valor individual de cada criança ou adolescente.

Assim, a mentira que diz que "crianças e adolescentes são um peso e um trabalho que nos impede de realizar outras coisas importantes" deve ser contraposta pela verdade da Palavra, que diz: "Os filhos são um presente do Senhor, uma recompensa que ele dá. Os filhos que o homem tem em sua juventude são como flechas na mão do guerreiro. Feliz é o que tem uma aljava cheia delas" (SALMO 127:3-5).

Duas citações de influentes pensadores dos séculos 20 e 21 afirmam que: "Filhos não são uma distração que nos impedem de fazer um trabalho importante. Eles são o trabalho importante" (C. S. Lewis) e, ainda, "O teste mais importante para qualquer civilização é como tratamos os mais vulneráveis, o que fazemos com nossas crianças. Observando ao nosso redor, a forma como temos cuidado da próxima geração, podemos ver que perdemos a direção" (Ravi Zacharias).

Somos a geração do "si próprio": amor-próprio, autoestima, autovalorização e assim por diante. No centro da nossa atenção, colocamos a nós mesmos, mais ninguém. Em nosso desespero por adquirir mais dinheiro, galgar cargos mais elevados, conquistar mais e melhores títulos ou absorvidos pelo desejo de aproveitar a vida até ao limite, com viagens, *hobbies* extravagantes e com distrações, tornamo-nos egoístas e vaidosos, egocêntricos e soberbos.

Ao assumir uma atitude de automerecimento, damos a nós mesmos a recompensa por meio do "eu mereço": eu mereço chegar em casa e "vegetar" na frente da TV, ou maratonar séries da *Netflix* depois de um dia difícil de trabalho; eu mereço ter os finais de semana para mim mesmo; eu mereço passar o sábado no shopping fazendo compras e assim por diante. Mas e os nossos filhos? E os pequenos? E os mais vulneráveis? Para muitas pessoas da nossa geração, eles se tornaram um fardo difícil de ser carregado.

Não temos sido capazes de repetir ou melhorar o nível de envolvimento familiar e social de gerações anteriores à nossa. Com isso, temos transferido, empurrado a responsabilidade de educar, de edificar, de guiar a próxima geração adiante. As crianças se tornaram como bolas de pingue-pongue em nossa vida e nós as temos jogado de um lado da mesa para o outro. Pais têm gastado uma fortuna com escola e atividades similares para ocupar o tempo delas, e muitas vezes têm chegado ao ponto de acreditarem que "a escola" é responsável pela educação dos filhos que eles colocaram no mundo. Não têm conseguido distinguir entre educação e formação (ou informação).

Por outro lado, os professores estão com suas classes cheias de alunos, têm uma montanha de formalidades a cumprir e currículos variados para ensinar e sentem-se desestimulados, pois entendem que o seu papel não é educar, mas ensinar conteúdos e preparar seus alunos para o mercado de trabalho e fazer deles verdadeiros cidadãos. A negligência doméstica tem criado as famigeradas "necessidades": classes de idiomas, classes de robótica, classes de jardinagem e até classes de Lego. Nas igrejas, a diferença é pequena. Vemos isso na mentalidade que alguns ministérios de crianças demonstram quando ouvimos que "adolescentes são um problema, um 'abacaxi' que ninguém quer descascar".

Nós temos acreditado na mentira de que as crianças são um incômodo para os adultos. A consequência dessa visão distorcida é que ninguém quer assumir a responsabilidade por "esse incômodo". Os pais "estão muito ocupados fazendo algo mais importante". A escola recebe centenas de "incômodos" e os coloca debaixo do mesmo teto e no final das contas acaba gastando a maior parte do tempo tentando descobrir uma fórmula para manter esses "incômodos" sob controle. Nos finais de semana, o ministério infantil tem sido visto como um lugar onde distraímos as crianças para que seus pais possam assistir o culto em paz, sem interrupções ou ruídos que "atrapalham" o culto.

Quando consideramos a criança um incômodo, um impedimento para algo importante, não entendemos a necessidade de investir na vida delas. Somos movidos a mantê-las distraídas com eletrônicos e TV, pois todas as demais atividades que fazemos, como limpar, cozinhar, mandar mensagens para as amigas ou responder e-mails são muito mais importantes do que brincar de bola no jardim, ensinar nossos filhos a fazer um bolo ou ler algo juntos.

Quando os nossos olhos são abertos e temos uma mudança de mentalidade a respeito desse assunto, deixamos de acreditar que ser mãe não é importante e que as crianças são um aborrecimento. Só então entendemos quão carentes os pequenos são de um pastor que os guie, os oriente, os ame e seja presente em sua vida. Também entendemos que o que fazemos é importante, que a cada fralda trocada, a cada refeição preparada, a cada dodói bem cuidado, estamos moldando quem nossos filhos serão. A soma das coisas ordinárias e simples do dia a dia é que faz a verdadeira adição à matemática da vida bem vivida.

Terceira mentira: *Estou ficando para trás. Estou perdendo tempo, porque as minhas crianças exigem muito de mim e não consigo me dedicar a outras coisas como gostaria. Daqui a pouco será tarde demais!*
Lembro-me do dia em que recebi a ligação de uma pessoa com uma proposta excelente de sociedade. Na hora os meus olhos brilharam, o meu coração disparou e a minha mente começou a viajar em tudo o que poderíamos conquistar no sentido financeiro, caso eu aceitasse aquela proposta. Comecei a raciocinar, a pensar em diversas opções, em como eu daria um jeito de fazer tudo funcionar, mesmo que o meu filho de 3 anos ainda não estivesse na escola.

Conversei com o meu marido e nós começamos a orar, a considerar a tal proposta e a pensar. Eu olhava para a pessoa que me convidara para ser sua sócia, muito bem-sucedida e que prosperava de um modo até espantoso, e o receio e a dúvida vinham ao meu coração: "Se eu não aproveitar essa oportunidade agora, será que terei outra? Será que daqui a alguns anos terei uma chance? Ou estarei velha demais e os anos já terão passado!".

Por outro lado, quando eu começava pensar em aceitar tal sociedade, sabia que seria impossível conciliar bem as coisas de casa com a nova atividade profissional. O meu marido trabalha em uma empresa grande e que exige dele muita responsabilidade. É comum ele precisar trabalhar horas extras, participar de reuniões de negócio e, de vez em quando, viajar. Não temos ninguém da família vivendo aqui em nossa região. Não há qualquer tia ou avó para dar aquela "mãozinha" tão útil quando necessitamos. Aceitar tal proposta implicaria em adicionar muito estresse à nossas vidas.

"A minha vida não é guiada por oportunidades, a minha vida é guiada por propósitos". —LUCIANO SUBIRÁ[2]

No mesmo ano, o *blog* para o qual escrevo estava crescendo bastante e eu já havia começado os primeiros rascunhos deste livro. A oportunidade oferecida a mim não era ruim, acredite. Aliás, era uma oportunidade excelente. Mas não era o tempo adequado para mim e para a nossa família. Poderia ser uma porta maravilhosa para outra pessoa cuja vida pessoal fosse diferente da minha, cujas atividades e facilidades permitissem a ela entrar de cabeça e dar o melhor de si, favorecendo a outras pessoas. E aí está a beleza de tudo isso: há espaço para todos.

Cada um de nós somos pessoas únicas, diferentes, vindas de experiências muito pessoais e vivendo momentos diferentes em nossas vidas. Aqui nos Estados Unidos, há um hábito bem conhecido de se vender aquilo que não é mais usado. Normalmente chamamos isso no Brasil de brechó, e aqui chamamos *garage sale*, que é a venda de coisas usadas que os americanos fazem na frente do próprio quintal ou dentro de suas garagens quando resolvem limpar e dar uma esvaziada na casa. Então, dizemos que "o lixo de alguém pode ser o tesouro do outro". Uma oportunidade que não seria boa para a minha família naquele momento pode ser a resposta de oração para outra família ou para outra pessoa. Por isso, precisamos submeter os nossos planos ao Senhor. "É da natureza humana fazer planos, mas a resposta certa vem do SENHOR" (PROVÉRBIOS 16:1).

---

[2] Citação de Luciano Subirá https://www.facebook.com/LucianoSubira/posts/1365730010182715/

Depois de meu marido e eu orarmos, ficou claro que não era o tempo para "aproveitar" aquela oportunidade. Durante as nossas orações, lembrei-me do texto de Eclesiastes 3: "E, no entanto, Deus fez tudo apropriado para seu devido tempo" (v.11). Depois de alguns dias, embora em meu coração já tivesse a convicção do que Deus queria para nós, eu não conseguia tomar coragem e dizer "não" para a pessoa que me fizera a proposta, pois a voz que vinha em minha mente dizia sempre a mesma coisa: "Depois será tarde demais, você acabará ficando *pra* trás. Você vai mesmo perder essa oportunidade que pode ser única?".

Lembra-se do que as nossas mães bradavam tendo o chinelo na mão quando a gente era criança? É a mais pura verdade: "Não importa se fulano, cicrano ou beltrano estão fazendo. Você não é eles e pronto!". O que é o momento certo ou é uma excelente oportunidade para alguém pode não ser para mim ou para você. Como cristãos, somos pessoas diferentes vivendo circunstâncias diferentes com objetivos e chamados diferentes, e é o mesmo Deus quem faz isso em nossa vida (1 CORÍNTIOS 12:1-7). Theodore Roosevelt o disse muito bem: "A comparação é o ladrão da alegria".

Muitas vezes estamos satisfeitas e felizes fazendo aquilo para o qual fomos chamadas a fazer, até que começamos a olhar para o lado (ou para o *Facebook* ou *Instagram*) e começamos a acreditar que estamos ficando para trás. Esquecemo-nos que nossa vida não deve ser guiada apenas por oportunidades, mas por propósitos. "Há caminhos que a pessoa considera corretos, mas acabam levando à estrada da morte" (PROVÉRBIOS 16:25).

Você acha que você está ficando para trás?
O horário da Califórnia está 3 horas atrás do que o
    de Nova Iorque, mas isso não faz a Califórnia
    "devagar".

Alguém se formou aos 22 anos, mas esperou cinco anos
para conseguir um trabalho em sua área.
Alguém se tornou o CEO de uma grande empresa
aos 25 e morreu aos 50. Enquanto outro se tornou
CEO aos 50 e morreu aos 90.
Alguém ainda está solteiro, enquanto o amigo já
se casou.
Obama se aposentou aos 50 e Trump se tornou
presidente aos 70.
Absolutamente todos nós nesta Terra temos um "fuso
horário" diferente, algumas pessoas ao seu redor
parecem estar na sua frente, outros parecem estar
atrás de você.
Mas cada um está correndo sua própria maratona, no
seu próprio tempo.
Não tenha inveja deles nem ria deles.
Eles estão no fuso horário deles e você no seu.
A vida é sobre o tempo certo para cada um.
Você não está atrasado, você não está adiantado.
Você pode viver no seu próprio fuso horário.
—AUTOR DESCONHECIDO

É incrível como essas mentiras em que acreditamos nos sufocam, mesmo nas coisas mais simples. Um tempo depois que disse "não" à proposta de sociedade, fui a uma festa de aniversário e estava conversando com outras mães enquanto as crianças brincavam. O papo era sobre férias e uma delas disse algo que as outras concordaram: "Nossa! É tão ruim morar num país longe, não ter família por perto e ter crianças pequenas. Fico vendo as minhas amigas passeando, viajando, tirando férias, conhecendo a Europa e eu e meu marido não podemos fazer essas viagens *por causa das crianças*. Fica muito caro *pra* ir com eles e ainda não dá *pra* aproveitar. Até eles crescerem, já será tarde *pra* gente curtir a vida. Me sinto presa".

Quando ouvi isso, fiquei pensando como essa mentalidade, essa ansiedade e o medo de que daqui a uns anos "será tarde demais" nos impedem de viver *o momento presente*. Essa mentalidade é um estorvo para enxergarmos quantas alegrias, quantas bênçãos, quantas oportunidades temos de viver o *hoje*, o dia que o Senhor fez!

> Senhor, nos cure da Síndrome da Sala de Espera:
> Sempre esperando pela próxima estação das nossas
>   vidas para dizermos que agora as coisas estão boas.
> Sempre esperando pelo próximo número na balança
>   para dizer que nos sentimos bem.
> Sempre esperando pelo próximo sonho, a próxima
>   casa, a próxima conquista, a próxima curva na
>   estrada, antes de finalmente podermos encontrar
>   contentamento. Perdoe-nos, Senhor, pelo nosso
>   vício da "sala de espera", viciados em sempre pensar
>   que estamos na sala de espera da vida, esperando do
>   lado de fora da vida real — enquanto a vida real está
>   acontecendo aqui mesmo, agora mesmo.
> Enquanto isso, o Senhor está esperando que nós
>   sejamos agradecidos pelo momento que estamos
>   vivendo agora: O milagre do momento presente.
> Desperte-nos desse vício de viver sempre na sala de
>   espera — e nos cure com um coração agradecido; nos
>   mostre como temos espaço em nossa vida para lhe
>   dar graças agora, neste momento — pelo presente do
>   momento chamado Agora. —ANN VOSKAMP[3]

---

[3] Os textos de Ann Voskamp citados nesta obra estão disponíveis em https://www.facebook.com/AnnVoskamp/posts/lord-cure-us-of-waiting-room-addiction-waiting-for-the-next-season-of-life-to-sa/815067578505418/ — tradução Tathiana Schulze

Mãe, acredite! Você não está perdendo o seu tempo quando precisa dizer "não" para algo ou alguém por causa de sua família . Não tenha medo de que outro funcionário seja mais bem-visto ou avaliado por sempre aceitar trabalhar mais horas do que você. Não se preocupe, pensando que a sua carreira estará acabada se você precisar diminuir um pouco o ritmo. Você não está ficando para trás quando se dedica à missão mais nobre que alguém pode ter: servir aos pequenos.

Sabe o que assusta muitas mães nos anos da infância dos filhos? Elas acreditam (erroneamente) que uma pausa é o fim. Sempre gostei de praticar esportes, mas por anos não conseguia tempo para fazê-lo. Hoje já estou conseguindo. Foi uma pausa, mas não o fim! Talvez você precisou parar de trabalhar. É uma pausa em sua carreira, não o fim. Talvez o sonho de obter um diploma está escondido no fundo do seu coração. É uma pausa, não o fim da possibilidade. Você pode estar passando por grandes dificuldades financeiras, pois a família teve que se adaptar a um único salário. É por um tempo, não é o fim. Talvez abdicou de seu ministério na igreja. É uma pausa, não o fim.

Os dias extremamente intensos da primeira infância passarão. Você voltará a dormir uma noite inteira, voltará a ter tempo para passear com o marido. O seu chamado, o seu projeto, os seus dons não morreram. Eles estão apenas em *stand by* para que outros dons, talentos e projetos possam florescer neste momento: o dom de ser mãe!

Não foque demasiadamente no que está *em espera* nem ache que é o fim! A saudade do que ficou para trás pode impedi-la de ver a beleza do que está acontecendo agora! Respire fundo, pisque, seja grata pelo momento presente. E aquelas coisas que por enquanto estão guardadas numa gaveta, elas estão apenas *em espera*. Não é o fim! Mãe, nós não estamos perdendo tempo nem ficando para trás quando nos dedicamos a missão de educar nossos filhos.

A Bíblia nos ensina que quando conhecemos a Verdade, ela nos liberta. Hoje não somos mais escravas da mentalidade comum do mundo que nos cerca. Podemos viver em liberdade — na liberdade plena, desfrutando a boa, agradável e perfeita vontade de Deus.

Uma palavrinha a mais

A finalidade deste capítulo não foi dizer que nós, mulheres, não podemos exercer nenhum tipo de atividade fora do lar. Eu creio que Deus vê um valor tremendo na vida das mulheres. Na Bíblia, nós as vemos servindo a Jesus durante o Seu ministério terreno. Vemos mulheres espalhando as boas-novas do evangelho e da ressurreição.

A mulher de Provérbios 31 era uma mulher que trabalhava. No decorrer da história, vemos mulheres médicas, advogadas, presidentes, todas elas trazendo mudanças positivas à nossa sociedade. Na igreja, vemos mulheres missionárias, intercessoras, mulheres que amam a Palavra de Deus e que trabalham com graça e sabedoria. Pessoalmente, tive períodos em que não trabalhei fora; trabalhei por meio período e mantive meus estudos, e isso já sendo mãe. Creio que podemos ser mães e desenvolver o dom e atendermos ao chamado de Deus para a nossa vida.

Meu intuito com este capítulo é compreendermos que não precisamos ser tudo ao mesmo tempo para nos sentirmos valorizadas e importantes, ao custo de negligenciarmos aqueles que mais amamos. A Bíblia não diz "uma mulher *não pode* trabalhar fora" ou "a mulher *pode* trabalhar cinco horas por dia". A Bíblia nos orienta a amar e a zelar por nossos filhos e cônjuges. Ela também diz que aquele que não cuida dos seus é pior que o infiel e negou a fé. A mulher de Provérbios 31 era uma trabalhadora. O ponto é: não devemos nos moldar à cultura que diz que os nossos filhos não precisam de nós e que a mulher não tem responsabilidades com o seu lar, ou que o trabalho de ser mãe e esposa não são importantes. Não podemos ganhar o mundo ao custo de sacrificar nossa missão como mães.

O apóstolo Paulo disse aos novos convertidos daquela época: "Portanto, permaneçam firmes nessa liberdade, pois Cristo verdadeiramente nos libertou. Não se submetam novamente à escravidão…" (GÁLATAS 5:1). Paulo estava explicando aos gálatas que eles já não precisavam se submeter à cultura em que viviam, a pressão da sociedade ao seu redor, aos desejos dos homens. Paulo afirmava a esses cristãos que eles não deveriam fazer algo (nesse caso a circuncisão) somente por costume ou por uma pressão, um jugo colocado por homens. Da mesma forma, nós, mães, fomos libertas por Cristo e já não precisamos mais viver debaixo do jugo, do peso de uma cultura e sociedade que querem definir quem devemos ser e como devemos nos comportar. Cristo nos libertou para que possamos viver a verdade da Palavra de Deus, para que possamos viver o Seu chamado para nossa vida, para que possamos ter liberdade de sermos quem o Senhor nos criou para ser, em nossas particularidades, características e singularidade. Somos livres em Cristo Jesus!

Para finalizar, compartilho com você este texto da escritora Emily Wierenga:

Sou apenas uma mãe

Tomei banho antes das dez horas hoje, porque eu ia
    levar os meus filhos para brincar na casa de amigos.
    Vesti um jeans, passei um pouco de *gloss*, dei um

jeito no cabelo, um pouquinho de perfume e em seguida, lembrei que eu não tinha carro.

Meu marido sofreu um acidente há alguns meses e desde então temos somente um carro, o que funciona para nós, exceto em dias como hoje, quando meu marido precisou do carro, e eu estou aqui, trancada em casa, pronta para sair, de *gloss* e jeans. Os meus filhos estão prostrados sobre o sofá, querendo sair para brincar com os amigos. E eu estou prestes a desistir, limpar o *gloss* dos meus lábios, tirar a minha calça jeans e colocar aquele velho moletom enquanto eu penso:

"Não há problema em me vestir bem, mesmo que eu tenha que ficar em casa. Porque a vida de uma mãe deve ser celebrada e cada dia deve ser visto como especial. Não importa que eu tenha que ficar no sofá segurando os meus bebês, jogando um jogo de memória e sentido os raios do sol da manhã, sobre um tapete manchado de Nescau e sujo de farelos de cereal".

Eu sei que não sou "só" uma mãe. Eu sei que ser mãe é um dos papéis mais revolucionários e transformadores que uma mulher pode exercer. E eu sei também que é o trabalho mais difícil, que exige cada minuto das nossas emoções e até da nossa sanidade!

Mas por que é que temos de nos justificar para o mundo?

As pessoas podem dizer: "Ah, você é apenas uma mãe" e não há problema em se defender quando você ouve isso — mas eu fico pensando: "Será que o fato de as pessoas pensarem isso, que eu sou 'apenas uma mãe', de alguma forma vai diminuir a beleza e santidade da maternidade? Será que lutar para ser vista e notada não rouba a dignidade e a humildade desta posição que estamos, em nos tornamos mais por sermos menos? Em lavar os pés uns dos outros?".

Quando Jesus foi acusado e posto à prova sobre quem Ele era, sobre o caráter dele, quando lhe perguntaram se Ele confirmaria quem disse que era, Ele não disse nada.

Isso muitas vezes me incomoda, porque vivemos em uma cultura que dá credibilidade a quem se destaca e defende os seus direitos, àquele que recebe todos os créditos e elogios pelo seu trabalho.

A beleza, porém, em ser mãe é que a recompensa vem de uma forma tranquila e longe dos olhares. A forma como uma criança envolve seus braços em volta de seu pescoço e sussurra: "Eu te amo, mamãe", e ninguém ouve isso, exceto você, e isso é perfeito. Porque isso é o suficiente.

Perdemos a capacidade de manter as coisas íntimas e reais.

Quanto mais for silencioso para nós, mais alto é para Jesus.

Se tivermos que justificar a nós mesmas, roubaremos a glória do que não é visto. Isso apaga a beleza invisível da posição de ser mãe e nos torna apenas mais um funcionário galgando os degraus de uma escada corporativa — tornando a maternidade um emprego.

Não, a maternidade não é um emprego! A maternidade é um ministério e eu vou fazê-lo com o máximo de orgulho e humildade — vou fazê-lo com todo o meu coração e alma, e eu vou fazê-lo com prazer e com *gloss* nos lábios. Vou usar jeans alguns dias em vez dos velhos agasalhos, vou arrumar o cabelo, mesmo que eu não saia de casa, e quando alguém disser: "Ah, você é só uma mãe que fica em casa?", eu vou dizer: "Sim", porque eu não preciso dizer mais nada. Qualquer outra coisa seria inventar desculpas para a maior honra do mundo.[4]

PAUSA PARA REFLEXÃO

1. O que a Palavra de Deus nos ensina sobre a importância da mãe na vida dos filhos?

2. Tenho acreditado em alguma mentira que a sociedade em que vivemos dissemina ou acredito naquilo que a Bíblia diz a respeito da missão de ser mãe?

3. Tenho medo de ficar para trás ou do que os outros vão pensar quando preciso tomar decisões difíceis, mas que são importantes para minha família?

4. Se ao ler este capítulo, o Espírito Santo lhe trouxe a convicção de que você tem acreditado em mentiras com relação aos seus filhos, este é o momento para se arrepender. Ore assim: "Senhor Jesus, eu confesso que embora eu saiba em meu coração que os meus filhos são

---

[4] Texto de Emily Wierenga. https://blog.mops.org/its-okay-to-just-be-a-mother/, traduzido por Tathiana Schulze e publicado com a autorização da autora. Emily Wierenga integra uma organização sem fins lucrativos que ajuda meninas em Uganda. www.thelulutree.com

um presente precioso que o Senhor me deu para cuidar e nutrir, no dia a dia eu os tenho tratado como um peso. Tenho permitido que a mentalidade deste mundo domine meus pensamentos, sentimentos e atitudes. Mas hoje eu me arrependo e quero recomeçar. Obrigada, Senhor, por este recomeço!".

3

É tempo de semear

Há algum tempo li algo que me impactou tremendamente, uma afirmação que dizia: "A graça nos permite voltar atrás; já o tempo não". Vejo nessas palavras uma forma de graça que nos impele a viver plenamente o presente momento (o "hoje"), pois ele não estará mais aqui amanhã. Se deixarmos o presente passar, por qualquer que seja o motivo, nos arrependeremos depois, e então será tarde demais.

O Senhor é misericordioso e perdoador. Ele realmente nos perdoa. Ao mesmo tempo, a sua graça é demonstrada pelo fato de nossas atitudes trazerem consequências. Se não o fosse assim, talvez não teríamos o desejo de acertar e insistirmos em fazer as coisas certas, de fazermos o melhor com o tempo que dispomos. Se negligenciarmos os "anos" na infância dos nossos filhos e perdermos a oportunidade de semear na vida deles no momento oportuno, como é indicado por Deus em Sua Palavra, ainda assim poderemos encontrar o perdão do Senhor, embora seja verdade que o tempo não voltará.

O tempo é um dos recursos mais preciosos que temos, pois ele está fora do nosso controle. Nós o temos para vivê-lo, não para guardá-lo ou reservá-lo para depois. Podemos perder todo o nosso dinheiro, nos levantarmos e reconquistá-lo. Já o tempo, este não! Um dia que foi perdido não volta mais, como se sabe desde há muito tempo:

> Deus pede estrita conta de meu tempo
> E eu vou do meu tempo, dar-lhe conta
> Mas, como dar, sem tempo, tanta conta
> Eu, que gastei, sem conta, tanto tempo?
>
> Para dar minha conta feita a tempo
> O tempo me foi dado, e não fiz conta
> Não quis, sobrando tempo, fazer conta
> Hoje, quero acertar conta, e não há tempo
>
> Ó, vós, que tendes tempo sem ter conta
> Não gasteis o vosso tempo em passatempo
> Cuidai, enquanto é tempo, em vossa conta!
> Pois, aqueles que, sem conta, gastam tempo
> Quando o tempo chegar, de prestar conta
> Chorarão, como eu, o não ter tempo
> —ANTÔNO DAS CHAGAS (frei, século 17)

Nesta jornada como mãe, tenho lido bastante e aprendido com a experiência de outras mãe, me informado e refletido sobre essa experiência. De todas as mulheres que conheci, duas delas provocaram um tremendo impacto a ponto de mudarem meu ponto de vista sobre a infância dos meus filhos. Diariamente, quando um novo dia começa e eu tenho a possibilidade de escolher como usarei aquele dia, como investirei o meu tempo e o tempo que terei com os meus filhos. Lembro-me da vida e exemplo dessas duas mulheres.

A primeira delas, Kara Tippetts, cuja história conheci por meio do seu *blog*. Kara, uma jovem e linda mulher com seus 30 e poucos anos, é mãe de quatro filhos pequenos, recebeu um diagnóstico que ninguém deseja: câncer. Mesmo tendo à sua disposição os melhores tratamentos possíveis, ela tinha um câncer agressivo e incurável. Kara, por meio de seu *blog* e em seus dois livros publicados, relatou como é viver sabendo que seus dias estavam contados e que em poucos meses morreria. A mensagem principal de Kara foi, e continua sendo, mesmo depois de sua morte, a mesma do salmista transmitida há milhares de anos: "Ajuda-nos a entender como a vida é breve, para que vivamos com sabedoria" (SALMO 90:12).

Kara, através do seu testemunho, inspirou milhares de mulheres a valorizarem cada momento que temos como uma oportunidade única de semear na vida dos que estão ao nosso redor, pois não sabemos quanto tempo ainda teremos de vida e quantas oportunidades nos restam para semear o bem. Kara me ensinou que cada dia é um presente, uma dádiva, e que cada dia conta.

Com ela, aprendi que uma vida inteira pode ser desperdiçada quando desprezamos o ordinário, o simples, o rotineiro. Também aprendi que nem eu nem ninguém tem a certeza de quanto tempo ainda teremos para semear na vida dos nossos filhos, e que eu não posso me dar o luxo de perder cada oportunidade e de aproveitar o presente chamado *hoje*. *Hoje* é o dia que me foi dado. *Hoje* é o dia que tenho a oportunidade para semear amor, para semear conhecimento, para semear palavras de vida.

Outra mulher que me ensina com a sua vida é Ann Voskamp. Ann escreveu uma linda carta de despedida para o seu filho, que no dia seguinte sairia de casa para morar na universidade. Na carta, fez um balanço de tudo o que viveu nos últimos 18 anos com seu filho. Leia um pequeno trecho dessa carta:

Você esquece seus velhos sapatos na porta da varanda, próximos ao nosso labrador Boaz.

Você está lendo novamente a programação das classes da universidade. E piso sem querer nos seus sapatos, enquanto saio *pra* olhar o frango que está grelhando na churrasqueira. Sua infância inteira se acabou de repente. Amanhã, eu abrirei a geladeira e perceberei que você não virá *pra* casa para jantar. Realmente existem as últimas ceias.

À porta da varanda, eu me inclino em direção aos seus sapatos e os ajunto, seus sapatos que agora têm tamanho de sapatos de homem.

Começo a poli-los antes que você se vá, como se fosse possível polir todos esses anos que passaram e fazer deles algo melhor.

Você sabe como todas as mães ficam felizes quando as férias se acabam e recomeça a agitação das aulas escolares novamente? Dezoito anos se passaram desta agitação e alegrias e risadas por causa das voltas às aulas. Bem, mas agora, sentada na varanda, polindo os seus sapatos, tudo o que posso fazer é engolir o nó na garganta.

Não há ninguém que chegue à despedida e sorria aliviada. Eu, desesperadamente, quero mais um dia, mais um sundae de morango no parque, mais um passeio de canoa no lago, mais uma máquina cheia de roupas para lavar, mais um prato sujo de sucrilhos na pia. Mas o tempo já passou.

A vida de uma mãe é feita da infância — e se eu a perdi?…[5]

---

[5] Texto de Ann Voskamp de 2014. Eu tenho o link mas o texto também já não está mais disponível nos arquivos do blog dela. https://annvoskamp.com/2014/08/how-to-really-send-the-kids-back-to-school-out-into-the-world/. Também encontrei no Pinterest dela, mas quando clica no link acontece o mesmo problema https://www.pinterest.com/pin/252131279118248560/

Ao ler sua carta, tive uma certeza em meu coração: estou segura que quando chegar a minha vez de levar os meus filhos para a universidade ou para o altar numa linda festa de casamento, olharei para trás e verei que errei muitas e muitas vezes. Mas quero olhar para trás com a paz tranquilizante por saber que eu não perdi esses preciosos anos de suas infâncias e adolescências. Que cometi milhares de erros, mas que não errei tratando levianamente cada fase e oportunidade tão preciosa de semear: a infância dos nossos filhos. Sei que terei paz para olhar para trás e perceber que entre tantas dificuldades e erros, a negligência não foi um deles.

O hoje

O dia de hoje é o tempo que o Senhor tem me dado a oportunidade de semear com constância e diligência na vida dos meus filhos. Daqui a poucos anos, 10 ou 15, talvez eles estarão vivendo sua vida adulta. Tomarão suas próprias decisões, escolherão seus próprios caminhos e tudo o que eu poderei fazer é dar algum conselho e orar. Mas hoje, o Senhor tem confiado a mim a Sua herança. A herança de uma pessoa é algo precioso, de valor. O Senhor, por Sua infinita misericórdia, me escolheu para cuidar de Sua herança. Escolheu-me para amá-los, para guiá-los no caminho da verdade, para ensinar-lhes como trafegar por essa vida. E eu não posso assumir essa responsabilidade de maneira leviana.

Tanto o exemplo de Kara, que teve o tempo com os filhos abruptamente interrompido por uma enfermidade inesperada, quanto o exemplo de Ann, que teve o grande privilégio de educar e de cuidar do seu filho, até poder ver se cumprir o ciclo natural da vida dele ao sair de casa para a vida adulta, mostraram que eu não posso menosprezar o privilégio que tenho de conviver com eles diariamente durante a infância. Sim, chegará o momento em que um novo ciclo, uma nova estação se iniciará e o tempo não permitirá a mim (nem a eles) voltar atrás.

Semeando o conhecimento

Crianças são solo fértil para o plantio de sementes. Elas são curiosas, dispostas a aprender e humildes. Os intermináveis "por quês?", que às vezes nos tiram do sério, são parte normal e saudável do desenvolvimento de uma criança. Crianças estão aprendendo o tempo todo, não só no momento que estão na escola ou lendo um livro. Enquanto se relacionam com o mundo e com as pessoas que as cercam, elas estão aprendendo e absorvendo informação. São como plantinhas que continuamente recebem nutrientes do solo, do ar e do Sol.

O Senhor diz em Sua Palavra: "O meu povo está sendo destruído, porque lhe falta o conhecimento" (OSEIAS 4:6, ARA). Como disse anteriormente, os nossos filhos terão conhecimento sobre a vida, sobre relacionamentos, sobre Deus, sobre sexo, drogas e sobre o mundo ao seu redor. O aprendizado é parte natural do crescimento de uma criança. A questão não é se eles *vão* ou *não* aprender sobre determinados assuntos. A questão é de *quem* e *como* eles vão aprender e que tipo de informação receberão: conteúdos de acordo com a Palavra ou de acordo os padrões aceitos pela cultura em geral?

Paulo nos exorta em Romanos: "Não imitem o comportamento e os costumes deste mundo, mas deixem que Deus os transforme por meio de uma mudança em seu modo de pensar, a fim de que experimentem a boa, agradável e perfeita vontade de Deus para vocês" (12:2). O "modo de pensar" referido é a nossa mente; a forma como vemos, entendemos e nos relacionamos com o contexto no qual estamos inseridos. Então, de acordo com esse versículo, existem dois modos pelos quais podemos entender a vida: nosso propósito e nossa interação na sociedade, de acordo com a cultura geral ou de acordo com Deus e Sua Palavra.

Os nossos filhos precisam receber a boa semente diariamente, a semente da Palavra de Deus mediada por nós, seus pais. Eles precisam aprender a olhar a si mesmos, olhar os outros e as circunstâncias da vida pelas lentes ou pelos princípios da Palavra de Deus. Por exemplo, muitas crianças crescem acreditando que são apenas mais um na multidão. Que suas vidas não têm qualquer importância ou propósito. Elas precisam ser ensinadas que foram criadas à imagem e semelhança de Deus, que elas têm dons, talentos e características únicas que devem ser usados para refletir o amor e glória de Deus na Terra, onde quer que elas vivam.

A consequência dessa semeadura diária na vida dos nossos filhos, em que eles aprendem a enxergar o mundo através das lentes da Palavra de Deus, será a oportunidade que terão de experimentar a boa, agradável e perfeita vontade de Deus para a sua vida nas mais diferentes áreas, como o versículo nos ensina.

Confesso que nem sempre pensei assim e eu mesma não tinha o entendimento do quanto é importante ensiná-los o conhecimento verdadeiro com perseverança, desde a mais tenra idade. Desde sempre, a minha preocupação era mantê-los limpos, alimentados, descansados e protegidos. Basicamente eu me importava com as necessidades físicas deles. Quando engravidei do meu terceiro filho, o mais velho começou a demonstrar alguma curiosidade sobre como uma mulher ficava grávida, como o bebê ia parar dentro da barriga da mãe e por que algumas mulheres tinham filhos, enquanto outras não. O meu marido respondeu algumas dessas perguntas de acordo com o entendimento da idade dele e a sua curiosidade foi satisfeita.

Alguns anos passaram, e ele chegou da escola soletrando "S" "E" "X" "O". Virou-se para mim e perguntou o que significava isso. Surpresa e despreparada, mudei de assunto. Depois conversei com meu marido e resolvemos procurar materiais cristãos sérios que nos ajudassem e nos orientassem sobre como lidar com o assunto. Naquele momento percebi que meu filho estava crescendo e precisava mais do que alimento e roupas limpas. Ele precisava de conhecimento e de ensinamentos baseados na verdade.

Eu ainda estava bem receosa de conversar com meu filho sobre esse assunto. Tínhamos comprado alguns livros que ensinam sobre relacionamentos do ponto de vista cristão e estávamos esperando que chegassem pelo correio. Certo dia, voltando da escola, meu filho disse: "Já sei sobre os bebês, achei um livro lá na biblioteca da escola e li". Na hora, o meu coração se angustiou em pensar que meu filho teria aprendido sobre um assunto tão importante por meio de uma outra fonte que não fosse nós, os seus pais. Então, ele complementou: "O livro mostrava como o bebê cresce dentro da barriga da mamãe e como ele fica lá e se alimenta pelo cordão, mas não mostrava como ele entrava na barriga. Isso ainda não consegui descobrir".

Senti um alívio enorme e a certeza de que não podemos, por medo ou por vergonha, ignorar que nossos filhos estão crescendo e que o aprendizado das coisas da vida, seja sobre sexo, drogas, namoro ou alimentação saudável, inevitavelmente acontecerá. Cabe a nós decidirmos se teremos coragem, disciplina e diligência para ensiná-los as coisas simples e as complexas a cada momento que a curiosidade surgir, ou se delegaremos a outros a responsabilidade que nos foi confiada por Deus como autoridade sobre nossos filhos.

Certo sábado pela manhã, meu marido e eu nos sentamos com o nosso filho, abrimos os livros apropriados para a sua idade, com informação séria e de acordo com a fé que professamos e conversamos de uma maneira natural sobre como um bebê é gerado, e quando isso deve acontecer dentro do casamento. A sua necessidade de conhecimento foi suprida e a grande curiosidade acabou, pois já não se tratava mais de um mistério ou segredo.

A autora Rachel Macy Stafford contou uma situação similar que teve com sua filha, e como o conhecimento é uma arma poderosa que concedemos aos nossos filhos para que eles aprendam a fazer escolhas sábias. Ela escreveu:

> Passei um bom tempo assistindo minha filha brincando nas ondas com sua prancha sem saber que horas, mais tarde, ela me perguntaria o significado de uma palavra muito, muito pesada que abriria portas para o mundo adulto. Previ este momento por muitos anos, mas ainda assim me senti nervosa e incapaz.
>
> Enquanto lentamente eu conversava com ela pouco a pouco, eu via que cada pedacinho de conhecimento que eu dividia com ela era como uma armadura tornando-a um pouco mais forte, um pouco mais preparada para enfrentar este mundo que pode ser devastador e cruel para os jovens tentando encontrar o seu caminho.
>
> E disse para ela: "Eu acredito que conhecimento tem poder. E não quero que você seja a pessoa do grupinho que não sabe sobre o que as outras crianças estão falando. Não quero que você esteja distraída dos perigos que certos comportamentos

irresponsáveis podem trazer — porque muitas vezes os adolescentes estão mal informados. Seus amigos podem lhe dizer algo que eles acham que é verdade, mas pode não ser.

Se existe algo que você não entende ou uma palavra desconhecida, você pode vir e me perguntar. Eu vou lhe falar a verdade. Vou contar fatos, porque quando você sabe a verdade e conhece os fatos, você é mais propensa a escolher sabiamente".

Eu fiz um afago nos seus cabelos e conclui nossa conversa com a coisa mais importante que eu poderia dizer para a minha filha: "Não importa em quão grande problema você se meta, nada poderá mudar o meu amor por você. Você não precisará enfrentar qualquer problema sozinha".

Quando vi o olhar de alívio no rosto da minha filha, tive certeza do meu papel na vida dos meus filhos.

Enquanto eles cruzam da vida infantil para a vida adulta, eu quero estar lá! Quero cruzar aquela fronteira com eles, ou ao menos estar por perto para aceitar o convite quando eles me chamarem para entrar em seus mundinhos.

Então, vou prestar atenção quando ela me pedir para contar quantas ondas ela surfou e vou conversar com ela enquanto ela fizer a sua vitamina de morango.

E vou fazer cafuné quando ela tiver dificuldade de dormir.

E eu vou lhe dizer a verdade quando ela fizer perguntas que são difíceis de responder.

Eu vou dar o meu melhor para ser uma mãe todos os dias, não apenas nos eventos especiais.

Os meus filhos terão que enfrentar o mundo, eu gostando ou não disso. Eu não gostaria que ela enfrentasse o oceano sem saber nadar, sem estar equipada para isso. E tampouco espero que ela enfrente o mundo sem estar preparada para isso. Então, prometo lhe dar diariamente um pedacinho daquilo que ela precisa, a armadura para enfrentar o mundo, através da minha presença, amor incondicional e sendo a pessoa para quem ela pode fazer as perguntas difíceis. E se um dia ela estiver quase se afogando, ela saberá que pode chamar o meu nome.[6]

Quantas de nós, ao olharmos para trás, observamos que gastamos anos indo à escola, aprendendo cálculos de física, decorando nomes e datas que já nem nos lembramos mais, contudo nunca fomos verdadeiramente preparadas para a vida adulta? Nunca tivemos um adulto que conversasse conosco sobre alimentação equilibrada, ou nos ensinasse sobre como organizar nossas finanças, sobre os perigos de usar o cartão de crédito e por isso estamos submergindo em dívidas?! Quantas de nós nos comprometemos em um casamento com uma ideia totalmente romantizada e irreal de "foram felizes para sempre" e assumimos que nosso casamento e vida estavam arruinados quando a primeira dificuldade surgiu?

Quantas de nós aprendemos sobre sexo com os amigos da escola, que nos passaram informações falsas e distorcidas? Quantas de nós escolhemos mal os nossos amigos, demos ouvidos a conselhos horríveis, porque os nossos pais nunca abriram

---

[6] Texto retirado do *Facebook* da autora há alguns anos. https://www.facebook.com/TheHandsFreeRevolution/photos/a.149731118410856/1070630359654256/?type=3&theater

a Bíblia conosco em Provérbios para nos falar sobre as características de um verdadeiro amigo e sobre os perigos de uma má influência? Não estou falando isso para culpar os mais velhos que nós, que por falta de sabedoria ou informação, talvez falharam em nos preparar. Tampouco estou dizendo que se ensinarmos os nossos filhos, eles estarão imunes a fazer más escolhas ou em cometer erros. Longe disso! Digo isso, porque nós temos a chance, agora, neste momento, de semear diariamente o conhecimento na vida dos nossos filhos. E cabe a nós a escolha do tipo de semente que semearemos.

Exemplos práticos de como semear conhecimento na vida das crianças

Sempre que levava os meus filhos ao supermercado eles queriam comprar tudo o que viam pela frente e eu sempre respondia da mesma forma: "Vocês acham que dinheiro cresce em árvore?". Certo dia, em vez de dar a resposta de sempre, resolvi explicar a eles como funcionava a dinâmica de gastos em nossa família. Expliquei para eles que do dinheiro que ganhávamos, parte ia para o financiamento da casa, parte para luz, água, telefone e parte para a alimentação. Então, naquele dia teríamos 100 dólares para fazer compras e que era impossível comprar tudo que eles queriam com essa quantia. Conversamos, então, sobre o que era essencial na lista e mostrei quais itens eram nossa prioridade. Depois vimos quanto sobraria para comprar os extras, como sorvete, sucrilhos etc.

Eles acabaram ajudando com as compras e entenderam um pouquinho melhor como funciona o orçamento de uma casa. Entenderam que se gastarmos demais em algo, faltará para outras coisas. Fiz a mesma coisa com relação a escovar os dentes, pois muitas vezes queriam dormir sem a higiene bucal. Mostrei na Internet o que é uma cárie, como os dentes ficam feios e eles mesmos entenderam a necessidade da escovação.

Quando estou fazendo o jantar, procuro incluí-los no processo. Peço-lhes que venham ajudar a lavar a salada, cortar algum vegetal, colocar os pratos na mesa ou fazer o suco. Vejo que minha função como mãe é equipá-los em tudo que está ao meu alcance nestes 17 ou 18 anos que terei com eles dentro da minha casa, para que quando chegar o momento de viverem a vida adulta, com suas liberdades e responsabilidades, estejam preparados, tanto para tarefas práticas e necessárias do dia a dia, como para cozinhar, fazer um orçamento familiar, limpar um carro ou resolver um problema financeiro, ou na vida emocional e espiritual. Com isso, eles aprendem a fazer escolhas e sabem que cada escolha tem uma consequência.

Conhecer as consequências das escolhas os levam a entender a razão de um "não". Pensar, analisar e refletir sobre os custos de uma decisão nos torna sábios e mais zelosos com nossa vida. E esse é meu desejo para meus filhos: que sejam homens que conduzam a sua vida com sabedoria.

Diligência no Ensino

O versículo de Provérbios 22:6 diz que devemos ensinar, instruir a criança no caminho que ela deve andar. Em inglês, a palavra usada é "treinar". O treino dá a ideia de algo constante, contínuo. Deuteronômio 6 orienta: "Guarde sempre no coração as palavras que hoje eu lhe dou. Repita-as com frequência a seus filhos. Converse a respeito delas quando estiver em casa e quando estiver caminhando, quando se deitar e quando se levantar" (vv.6,7).

A Palavra de Deus ensina que precisamos ser diligentes no ensino. A palavra diligência significa interesse ou cuidado aplicado na execução de uma tarefa; zelo, urgência ou presteza em fazer alguma coisa. Precisamos ser intencionais no ensino da Palavra e de como aplicá-la à vida diária. Quando reconhecemos que nosso tempo para instruir nossos filhos é limitado, alcançamos um coração sábio.

Semeando o exemplo

Precisamos e devemos semear conhecimento. Mas o conhecimento precisa vir acompanhado do exemplo. Nossos filhos estão nos observando o tempo todo! Não porque eles querem nos pegar no flagra fazendo algo errado. Ao contrário: eles nos observam porque nos amam profundamente, porque somos o maior referencial que eles têm e porque se sentem seguros e protegidos conosco. O amor de uma criança por um pai é tão grande que até mesmo quando a criança vive em um lar onde é abusada, física ou emocionalmente, ela não quer se desvincular do agressor.

Todos os domingos, pela manhã vamos à igreja e, como eu disse, trabalho com o ministério infantil. Os nossos filhos nos observam sendo um dos primeiros a chegar, a organizar as salas das crianças, a arrumar algo que esteja fora do lugar e nos veem preparando a recepção dos amiguinhos. Eles curtem nos ajudar a fazer isso, sentem-se importantes.

Num determinado domingo, chegamos, como de costume, e uma das salas usada pelo o ministério infantil estava cheia de cadeiras, mesas e objetos de decoração empilhados. Algum grupo tinha usado o salão de festas da igreja no dia anterior e "escondido" a bagunça na sala mais próxima, no caso a das crianças. Eu estava bem cansada naquele dia e comecei a murmurar para meu marido que deveríamos reclamar com o responsável. Quando olhei para dentro da sala, no entanto, vi meus meninos de 7, 5 e 3 anos empurrando as cadeiras para fora e dizendo: "Vamos mamãe, vamos papai, as crianças vão chegar e precisamos ter tudo pronto".

Pela graça de Deus, eles não estavam ouvindo a minha reclamação, mas empenharam-se nos diversos exemplos que lhes damos, não apenas com palavras, mas com as nossas atitudes, de que não importa aonde vamos, seja a uma igreja, seja a uma festa de aniversário, estaremos ali para servir, não para sermos servidos.

Esses exemplos podem ser aplicados a muitas outras áreas que os ajudarão a se tornarem pessoas melhores. Por exemplo, como seu filho homem tem aprendido a tratar as mulheres? Com respeito ou vendo-as como um objeto? Meninos observam o tempo todo como o pai trata a sua esposa e a visão que ele tem das mulheres será grandemente moldada por esse modelo. E nós, mães? Temos tratado o nosso marido como um "banana", criticando-o pelas mínimas coisas ou com honra e respeito? Theodore Hesburgh, que foi sacerdote e presidente da Universidade de Notre Dame por 35 anos, disse que a coisa mais importante que um pai pode fazer por seus filhos é amar a mãe deles. Por quê? Porque o caráter dos nossos filhos está sendo formado pelo exemplo que eles têm dentro do lar. E os exemplos que os filhos aprendem dentro do lar, entre quatro paredes, onde ninguém mais pode ver, falam mais alto do que mil palavras.

Daqui a 30, 40 anos, quando os nossos filhos se lembrarem de sua infância, qual será a recordação que eles terão? De um ambiente de amor? Da nossa vida de oração, constantemente intercedendo por eles? De palavras de encorajamento, palavras de vida? Do respeito e amor ao próximo? Da alegria pelo serviço? Ou se lembrarão da murmuração e das reclamações? Do desrespeito? Vão se lembrar de uma mãe alegre ou infeliz?

Mais do que aquilo que fazemos, quem somos é o que falará mais alto dentro do lar. Precisamos guardar o nosso coração para não sermos as causadoras de males na vida deles.

Semeando amor

Uma querida amiga com filhos adultos disse certa vez: "Aproveite agora que você é o mundo para os seus pequenos, porque não será sempre assim". Como os nossos filhos nos amam e querem estar perto de nós durante a infância! Eles querem compartilhar cada pequena conquista conosco e se importam muito com a nossa aprovação. Quantas e quantas vezes eu ouço os meus filhos dizerem: "Olha eu mamãe, olha eu", se exibindo quando conseguem subir numa árvore, andar de bicicleta ou amarrar o cadarço do tênis sozinho. A infância é a fase de semear (e receber) amor!

Esse amor é demonstrado no tempo de qualidade que damos aos nossos filhos, nas palavras que usamos quando estamos nos relacionando com eles, na forma como os servimos e até na maneira como os disciplinamos.

Às vezes ficamos tão ocupadas com os afazeres e as responsabilidade de ser mãe, com a casa limpa, com levar os nossos filhos da escola para a aula de inglês e depois para o treino de futebol, com o jantar e com as programações especiais da escolinha, que negligenciamos a parte mais gostosa de ser mãe e os privilégios dessa missão: o toque físico, o abraço gostoso que eles nos dão depois que ficaram longe algumas horas, o colinho que tem poder de sarar qualquer dor, a historinha com muitos beijinhos na hora de dormir, o cafuné deitado no sofá.

A minha mãe, que mora no Brasil, vem nos visitar uma vez por ano. Nos intervalos dessas viagens, cada vez que conversamos ao telefone ou nos vemos pela Internet, ela diz: "Não vejo a hora de chegar aí e poder dar banho nos gurizinhos, colocá-los para dormir, fazer coceguinhas e rolar no chão. Não quero ir passear, não quero fazer compras, não quero nada! Só quero curtir meus netinhos". A distância faz ela valorizar ainda mais esses momentos tão breves do dia a dia, mas tão cheios de amor!

Semeando através de nossas palavras

Nossas palavras também têm um poder enorme de semear amor ou semear rancor, semear morte ou semear vida e esperança na vida dos nossos filhos. "Os comentários de algumas pessoas ferem, mas as palavras dos sábios trazem cura" (PROVÉRBIOS 12:18); "Palavras suaves são árvore de vida, mas a língua enganosa esmaga o espírito" (15:4).

Já participei de dezenas de conferências de mulheres e perdi as contas de quantas mulheres me contaram como foram machucadas pelas palavras de seus pais. Palavras de ódio, de rejeição, palavras de comparação com os outros irmãos. Mulheres que nunca se sentiram capazes de conquistar um diploma ou de um dia se casarem e terem uma família, porque foram humilhadas e desprezadas por pais ou mães que não usaram sabiamente suas palavras. Outras vezes não proferimos palavras tão pesadas, mas sempre falamos com os nossos filhos, ou sobre nossos filhos, em um tom de murmuração ou crítica, achando que eles não estão percebendo.

Em uma roda de mulheres é comum ouvir alguém falando para uma grávida ou recém-casada, enquanto as crianças brincam por perto: "Aproveite agora porque depois que tiver filhos acabou. É só trabalho e canseira". Que mensagem temos transmitido com os nossos lábios? Que os nossos filhos são bem-vindos e importantes em nossa vida? Que amamos cuidar deles e que eles são um presente de Deus ou que são um peso?

Também precisamos cuidar com a crítica exagerada. Como mães, queremos o melhor para nossos filhos. Queremos desafiá-los a melhorar, a crescer, a superar limites. Mas, com esse desejo, vem a tendência de criticar e de nunca se mostrar satisfeita. De querer que a nota oito na prova se torne sempre dez. Queremos que os nossos filhos sejam os melhores nos esportes, na escola, os melhores na música etc.

As críticas e as comparações podem machucar. Portanto, desafie o seu filho, mas também celebre quem ele é. Reconheça o seu esforço, elogie as tentativas que faz e, acima de tudo, não o compare com ninguém nem com nada. Ele precisa ser quem é e necessita ser orientado para desenvolver os seus próprios talentos, assim com Deus planejou que fosse.

Tempo de qualidade em família

Nossos filhos precisam do nosso tempo. Necessitam que estejamos presentes no cotidiano deles. No livro *Pais ocupados, Filhos distantes — Investindo no relacionamento* (Ed. Melhoramentos, 2006), dos doutores Gordon Neufeld e Gabor Maté, encontramos uma análise profunda da necessidade que os filhos têm da presença dos pais no seu dia a dia. Analisando casos de estudos e pesquisas, o médico e o psiquiatra concluem que vários tipos de distúrbios emocionais enfrentado por jovens, como depressão, vícios e imoralidade acontecem porque, desde muito novas, as crianças passam mais tempo com estranhos e colegas, do que com os pais.

O ponto-chave dessa dinâmica é que crianças precisam desesperadamente sentir-se seguras e amadas. O amor oferecido por um cuidador ou colegas não é incondicional e estável como o dos pais. A criança passa a olhar para os seus colegas buscando direção, valores, identidade e o que é certo ou errado. Pais muito ocupados geram filhos distantes que buscam orientação nos amigos. A consequência, de acordo com os autores que têm mais de 30 anos de experiência em educação infantil, é a interferência no desenvolvimento saudável, e uma cultura juvenil hostil e sexualizada. Quando a coesão familiar é desvalorizada, as crianças se tornam mais conformistas, alienadas e dessensibilizadas. Ser popular se torna mais importante do que qualquer outra coisa. Diante de tudo isso, vemos a grande necessidade de sermos diligentes em priorizar o tempo que passamos com nossos filhos como algo precioso e importante.

Em meio a todas as responsabilidades da vida adulta, precisamos encontrar em nossa rotina espaço para um tempo de qualidade com nossos filhos. O dia a dia de uma família é corrido. Normalmente o marido vai para o trabalho, a esposa também ou fica em casa, e as crianças vão para escola. Quando chegam em casa, têm tarefa para fazer, comida para preparar. Como família, é preciso sermos objetivos ao separar um tempo de qualidade, sem interrupções, para que possamos conversar, dar risadas juntos, e nos divertir.

O hábito de sentar-se à mesa juntos, pelo menos uma vez ao dia a fim de compartilhar uma refeição é algo muito saudável ao relacionamento familiar e um semear na vida dos filhos. Frequentemente vemos Jesus sentando-se para comer com os Seus discípulos, com pecadores e fariseus. Depois da ressurreição, Jesus preparou uma refeição para Pedro na beira do mar. Durante as refeições, temos a oportunidade de desligar os eletrônicos e as vozes do mundo exterior e ter um momento de paz, para valorizar o que realmente importa e alimentar o nosso corpo, a nossa alma e os laços de amor com os que estão mais próximos de nós.

Outro hábito que inserimos em nossa rotina é, durante os finais de semana, separar uma manhã ou uma tarde para fazer algo prazeroso em família. Às vezes vamos brincar no parque, andar de bicicleta, pescar ou, durante o verão, nadar. Este tempo de qualidade é um refrigério para nossa alma. Temos tempo de ouvir um ao outro e esquecermos das demandas do trabalho ou da escola.

Tirar uma semana de férias em família uma vez por ano também traz muitos benefícios. Não precisa ser em um hotel caríssimo nem em outro país. Na maioria das vezes, vamos com o nosso carro para uma cidade próxima. Descansamos, conversamos, cuidamos do nosso relacionamento, deixamos os eletrônicos e o trabalho de lado. Ouvimos os nossos filhos, investimos tempo nos conhecendo melhor e abrindo o nosso coração. Quando passamos tempo juntos, as muralhas que inconscientemente construímos ao nosso redor caem e nos tornamos mais vulneráveis e abertos uns com os outros.

O amor demonstrado na disciplina

Biblicamente falando, amor e disciplina não são opostos. Eles andam juntos. Observe os textos abaixo.

> *Meu filho, não rejeite a disciplina do Senhor; não desanime quando ele o corrigir. Pois o Senhor corrige quem ele ama, assim como o pai corrige o filho a quem ele quer bem.* —PROVÉRBIOS 3:11,12
>
> *Discipline seus filhos, e eles darão paz a seu espírito e alegria a seu coração.* —PROVÉRBIOS 29:17
>
> *Nenhuma disciplina é agradável no momento em que é aplicada; ao contrário, é dolorosa. Mais tarde, porém, produz uma colheita de vida justa e de paz para os que assim são corrigidos.* —HEBREUS 12:11

*Quem não corrige os filhos mostra que não os ama;
quem ama os filhos se preocupa em discipliná-los.*
—PROVÉRBIOS 13:24

Por esses versículos, vemos que disciplina e o amor andam lado a lado. A disciplina, quando feita da maneira correta, pode livrar a criança de um comportamento que não é benéfico a ela ou aos que estão à sua volta, e jamais a humilhará ou a diminuirá. O amor e a afirmação mostram à criança que, apesar de certo comportamento ser inaceitável, ela sempre será aceita e amada. Podemos discordar de determinado comportamento ou atitude dos nossos filhos, mas precisamos deixar claro que o que reprovamos é o comportamento, não a pessoa deles. O nosso amor é incondicional, mas que por desejarmos o melhor para eles, nós os disciplinamos e os ensinamos.

O autor e pastor Chip Ingram disse: "Longe de ser uma palavra feia, a disciplina é evidência de amor. Quando você consistentemente disciplina seu filho e o faz com a atitude correta — com compaixão, com controle emocional, com limites consistentes e consequências claras, e baseado no que é melhor para o seu filho — você expressa amor da mesma maneira que Deus expressa Seu amor por nós. Pode parecer desconfortável para ambos, você e seu filho, naquele momento, mas lá na frente verá que foi o ato mais altruísta e amoroso que você teve para guiar o seu filho a uma vida alegre e frutífera no Reino de Deus".

Uma pesquisa interessantíssima do sociólogo Dr. Reuben Hill feita com milhares de adolescentes e seus pais, no estado de Minnesota, confirma aquilo que a Palavra de Deus já nos mostrara. Na pesquisa, o Dr. Hill identificou quatro estilos de educação. O gráfico a seguir[7] mostra no eixo horizontal a quantidade de disciplina que é aplicada aos filhos e no eixo vertical a quantidade de amor demonstrado a eles.

1. Pais permissivos: O quadrante de cima do lado esquerdo representa os pais que dão muito amor para seus filhos, mas pouca disciplina. O estudo revelou que este tipo de pai tende a produzir crianças com baixa autoestima e sentimentos de inferioridade. Embora saibam que são amadas, a ausência de limites deixa estas crianças com um nível elevado de insegurança. Em geral, esses pais têm medo de errar e então nunca definem limites firmes.

CASO DE ESTUDO #1: RELATÓRIO DO DR. HEUBEN HILL, MINNESOTA

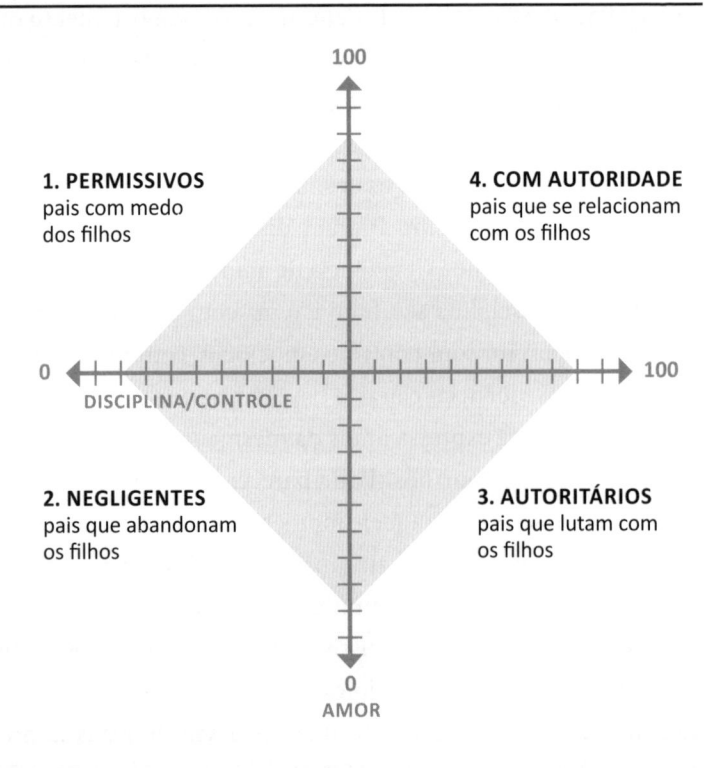

1. PERMISSIVOS
pais com medo dos filhos

4. COM AUTORIDADE
pais que se relacionam com os filhos

DISCIPLINA/CONTROLE

2. NEGLIGENTES
pais que abandonam os filhos

3. AUTORITÁRIOS
pais que lutam com os filhos

AMOR

---

[7] O gráfico original está disponível em https://www.focusonthefamily.com/parenting/4-parenting-styles-and-effective-child-discipline/

2. Pais negligentes: O quadrante inferior esquerdo representa a pior combinação, os pais negligentes. Esse tipo de pais não expressa amor e tampouco se importam em disciplinar os filhos. As crianças tendem a crescer com pouquíssimo relacionamento com o pai ou a mãe. Elas se sentem esquecidas. A negligência dos pais pode não ser intencional: eles podem estar lidando com seus próprios traumas e dificuldades, o que os deixa sem confiança para exercerem a posição de pais de uma forma saudável. Essas crianças acabam crescendo com profundas feridas emocionais.

3. Pais autoritários: Este aparece no quadrante direito de baixo e são pais que quase não demonstram amor, mas são fortes na disciplina. Eles acabam criando crianças propensas a se rebelarem. Existem sempre muitas demandas e regras no lar, as expectativas são muito altas e estes pais não se contentam em vencer a guerra, eles querem vencer cada pequena batalha. Por isso, a comunicação é sempre baseada em brigas e discussões. Esse tipo de pais espremem seus filhos de uma forma que eles não veem a hora de sair de casa. Era sobre isso que Paulo falava aos efésios quando disse aos pais para não provocarem a ira dos filhos.

4. Pais com autoridade: Aqueles pais que se encaixam no quadrante da direita do lado de cima são os que têm a melhor combinação de amor e disciplina. Este tipo de pais têm a autoridade sem serem autoritários — um tipo de autoridade que é compassiva e ao mesmo tempo firme. Eles sabem determinar limites claros, mas ao mesmo tempo são muito amorosos. Todos no lar sabem quem é o "chefe", mas, ao mesmo tempo existe, uma conexão entre os pais e os filhos; uma consideração por parte dos pais que honra e respeita quem a criança é, mas que, ao mesmo tempo, não compromete a disciplina quando necessária.

O resultado são filhos com autoestima saudável e equipados com boas condições de se relacionarem.

Lembro-me de um dia quando participei de uma atividade especial para crianças em uma biblioteca local. Uma senhora chegou com uma criança de uns quatro aninhos. Havia música, contação de histórias e brinquedos, tudo o que uma criança gosta. O menininho, no entanto, se recusava a participar de qualquer atividade e tudo o que fazia era enfiar a mão dentro da bolsa da senhora tentando tirar de lá o *iPad* para brincar. A mulher disse "não" algumas vezes, mas depois de tanta insistência, ela entregou o tablet para o menino e saiu dali, obviamente, frustrada, carregando-o no colo enquanto ele assistia a um desenho.

Outro dia, fui levar os meus filhos para brincar na piscina de uma amiga. Toda vez que íamos encontrar com amigos, um dos meus filhos se recusava a cumprimentar os adultos. Várias vezes tinha deixado essa situação passar, justamente por não querer encrenca quando estávamos fora de casa e, com isso, arriscar estragar o passeio dos meus outros filhos.

Depois de muitas conversas com ele sobre boas maneiras e respeito por adultos que são amigos da nossa família, naquele dia eu estava decidida a não deixar passar novamente. Ainda no carro eu disse que se a minha amiga dissesse "oi" para ele, e ele baixasse a cabeça e saísse andando sem responder, ele não entraria na piscina com amiguinhos e ficaria sentado na cadeira olhando eles brincarem. Entramos na casa e a minha amiga veio toda sorridente nos recepcionar e dar "oi", ao que meu filho se recusou a responder.

Eu o mandei sentar na cadeira, já raciocinando em minha mente o custo da minha decisão. Se ele começasse a chorar sem parar, eu teria que pegar os outros dois meninos, já molhados, todos os lanchinhos, boias e brinquedos que tinha levado, colocar no carro e ir embora, pois não poderia ficar lá com ele gritando e chorando enquanto as outras pessoas do clube queriam se divertir. Sabia que o preço do "não" poderia custar uma tarde frustrada para mim e para os outros meninos, mas não queria ceder, mais uma vez. Para a minha completa surpresa, ele sentou-se sem chorar, mas não arredou o pé de sua decisão. Passou duas horas inteiras sentado olhando as crianças se divertirem, mas não aceitava dizer um simples "oi". Depois de duas horas, finalmente ele me disse: "Vou dar 'oi', então". Ele foi lá, cumprimentou a minha amiga e foi brincar na água, quase já na hora de ir embora. Depois desse dia, nunca mais tive problemas com relação a ele cumprimentar amigos. Obviamente ele estava testando os limites e a mim, para ver se eu continuaria firme no que tinha dito.

Observo que, como pais, nos tornamos temerosos de exercer a autoridade sobre a vida dos nossos filhos, autoridade esta que nos foi concedida por Deus. Temos medo de frustrá-los, temos receio do escândalo que pode vir depois de um "não" e não nos sentimos seguros. Mas a verdade é que nossos filhos não sabem o que é melhor para eles e nós precisamos guiá-los mediante a disciplina.

Correção e disciplina são difíceis de inculcar. É muito mais fácil deixar nossos filhos fazerem o que quiserem. É mais fácil ter uma casa sem rotinas, sem regras, sem responsabilidade e direitos. Contudo, em um lar equilibrado, todos temos responsabilidades e direitos. Estabeleça limites claros para seus filhos. Estabeleça consequências se houver desobediência. Estabeleça responsabilidades de estudo, de ajuda na casa, de horário para comer e para dormir. Estabeleça limites com relação ao tempo gasto com eletrônicos. Crianças ainda não têm o domínio próprio para tomar essas decisões por si mesmas. Elas precisam de limites. O limite traz segurança e proteção. E a graça de Deus está sobre a nossa vida para que possamos exercer essa autoridade de forma equilibrada e sábia.

PAUSA PARA REFLEXÃO

1. Considero como algo precioso o tempo que tenho com meus filhos durante a infância?

2. Temos suprido a necessidade que nossos filhos têm de conhecimento ou temos transferido essa responsabilidade à escola ou a amigos?

3. Investimos tempo suficiente com nossos filhos? Quais são alguns hábitos que podemos inserir em nossa rotina para sermos intencionais e promover um tempo de qualidade em família?

4. Olhando para o gráfico que mostra os quatro tipos de pais, onde você se encaixa? Temos usado a disciplina bíblica dentro do lar?

4

Demasiadamente importantes, ocupadas e distraídas

Uma menina da vizinhança vinha com bastante frequência brincar em nossa casa. Eu estranhava um pouco porque ela era bem mais velha que os meus filhos, que na época tinham seus 3 ou 4 aninhos e os brinquedinhos de bebê não pareciam interessantes para ela. Um dia, conversando, ela disse: "A minha mãe está sempre numa ligação importante, ela sempre tem algo importante para resolver e não pode ser interrompida". Naquele momento, creio que descobri o motivo de a Olívia estar sempre em minha casa, mesmo com toda bagunça, imperfeição e "chororó" de uma casa com três meninos pequenos.

A história de Olívia e de tantas outras crianças que conhecemos mostram um grande desafio que a nossa geração de pais e mães têm enfrentado. Chamarei esse desafio de "demasiadamente".

A era digital, a vida das pessoas tão expostas no *Instagram* ou no *Facebook*, o desejo por ter sempre mais para, finalmente, encontrarmos a felicidade, têm contribuído para que nos tornemos demasiadamente importantes , demasiadamente ocupadas e demasiadamente distraídas para os nossos filhos.

Se pararmos uns minutinhos para ler a história de Jesus, Seus discípulos e as crianças, perceberemos diferenças entre as atitudes de cada um deles em relação às crianças:

> *Certo dia, trouxeram crianças para que Jesus*
> *pusesse as mãos sobre elas, mas os discípulos repreendiam*
> *aqueles que as traziam. Ao ver isso, Jesus ficou indignado*
> *com os discípulos e disse: "Deixem que as crianças*
> *venham a mim. Não as impeçam, pois o reino de Deus*
> *pertence aos que são como elas. Eu lhes digo a verdade:*
> *quem não receber o reino de Deus como uma criança*
> *de modo algum entrará nele". Então tomou as crianças*
> *nos braços, pôs as mãos sobre a cabeça delas e as*
> *abençoou.* —MARCOS 10:13-16

Milhares de pessoas seguiam a Jesus e queriam estar perto dele para ouvi-lo, para ver os milagres que realizava ou simplesmente por curiosidade. Na ocasião desse relato, algumas pessoas trouxeram crianças para que Jesus as abençoasse. Os discípulos devem ter raciocinado que Jesus era um homem demasiadamente importante para perder Seu tempo com crianças. Como poderia o homem que eles criam ser o futuro Rei de Israel perder tempo com crianças? Ele tinha coisas mais importantes para fazer e os discípulos se acharam no direito de repreendê-las. Afinal, seus próprios interesses estavam em jogo. Lembra-se de algumas discussões que eles tiveram sobre quem seria o mais importante, ou quem se sentaria à direita ou esquerda de Jesus quando Ele reinasse?

Pessoas importantes não têm tempo a perder com as crianças, certo? Pois bem, não é assim que o Homem mais importante que viveu nesta Terra pensava. Ele ficou indignado quando viu os discípulos repreendendo as crianças. Jesus não achava que ensinar os adultos, ou realizar milagres, ou tratar dos "negócios" do Reino fosse mais importante do que estar com aquelas crianças. Jesus teve tempo para elas.

Agora vamos "viajar" um pouquinho: crianças são crianças, em qualquer lugar ou momento da história. Elas gostam de brincar, de dar risadas, de correr, de contar histórias e de perguntar um milhão de coisas: "por quê?, por quê?, por quê?". Não creio que fosse diferente com aquelas que rodearam Jesus. Elas se aproximaram dele como crianças, querendo atenção, querendo que Jesus fizesse coceguinhas nelas ou talvez dizendo: "'Olha eu' Jesus, 'olha eu'. Consigo subir nesta figueira sozinho".

Como pais, falamos que os nossos filhos e a nossa família são as coisas mais importantes em nossa vida. Mas será que na prática é assim que reagimos? Quando não podemos parar por algumas horas, parar de limpar a casa, de trabalhar ou mesmo no serviço do ministério e tomar tempo para brincarmos com nossos filhos ou para comermos juntos uma refeição, será que não estamos demonstrando que todo o resto que fazemos é demasiadamente importante para ser interrompido por uma criança? Nossos filhos não são uma interrupção de um trabalho importante, *eles* são o trabalho importante!

Demasiadamente ocupadas

Outro aspecto que nos rouba e que precisamos avaliar é o "demasiadamente ocupadas". Certa vez, estava preparando o jantar quando meu filho me interrompeu e, por impulso, eu já ia responder: "Filho, a mamãe está ocupada fazendo a janta. Vai, por favor, achar algum brinquedo *pra* brincar". Quando, antes de pronunciar essas palavras, tive um daqueles *insights* e percebi quantas vezes estava usando a palavra "ocupada" como um meio de, inconscientemente, afastar os meus filhos e dizer que eles não eram bem-vindos na minha vida naquele momento. "A mamãe está ocupada mandando um e-mail"; "a mamãe está ocupada limpando a casa"; "a mamãe está ocupada cozinhando"; "Agora não posso, estou ocupada dobrando as roupas e guardando"; "Depois eu te ouço, estou ocupada conversando com uma amiga".

Diariamente, temos a oportunidade de trazer os nossos filhos para perto de nós ou afastá-los. Diariamente, temos a oportunidade de ganhar acesso ao coração deles ou fechar o canal de comunicação entre nós através da palavrinha perigosa "ocupada". Naquele dia, enquanto preparava o jantar, percebi o quanto estava usando essa palavra e naquele momento eu tinha duas opções. A primeira era responder novamente que estava ocupada e mandá-lo arranjar algo para fazer. A segunda, era dizer que estava fazendo o jantar e perguntar se ele gostaria de ajudar. A primeira resposta, "estou ocupada", fecharia o canal de comunicação e deixaria claro que ele não era bem-vindo na minha vida naquele momento, pois me atrapalharia. Já a segunda possibilidade abriria o canal de comunicação e o convidaria para fazer parte da minha vida, do meu dia a dia.

Quantas vezes, sequer percebemos que enviamos mensagens erradas para os nossos filhos, de que eles não são bem-vindos em nosso mundo? Por causa do perfeccionismo ou da pressa, criamos uma separação entre eles e nós, sem notar que estamos perdendo oportunidades preciosas de ensiná-los e de influenciá-los. Quando escolhemos a primeira resposta, "estou ocupada", vemos resultados imediatos. O jantar fica pronto mais rapidamente, sem acidentes nem interrupções e tudo sai mais "perfeito". Quando optamos por convidá-los a fazer parte da nossa vida, o resultado é a aproximação dos nossos filhos e a oportunidade de desfrutarmos momentos únicos de ensino e aprendizado.

meninos o "kids menu" ou cardápio infantil, com cachorro quente, batata frita e nuggets. Toda noite, o garçom que nos atendia ficava um pouco surpreso quando dizíamos a ele que as crianças pediriam do cardápio normal, dos adultos. Notei que muitas crianças do cruzeiro nunca participaram desse jantar formal. Elas ficavam no clube para crianças que o navio oferece. A proposta, até interessante, do clube do navio é cuidar das crianças enquanto os pais curtem um momento para relaxar e descansar. No entanto, o que me surpreendeu é que o clube para as crianças ficava aberto todo o tempo, independentemente do navio estar em alto mar ou ancorado nas ilhas. Muitas crianças ficam ali todos os dias do cruzeiro e nem chegam a descer do navio para ver as belas praias ou conhecer países e culturas diferentes.

Segundo o historiador Howard Chudacoff esta segregação é algo recente, pois até o século 19, as grandes famílias trabalhavam, aprendiam e passavam muito tempo juntos.[8] Um estudo conduzido pelos antropólogos Beatrice e John Whiting analisou a questão da segregação por idade em seis culturas diferentes. O estudo mostrou que crianças mais velhas que passam tempo com crianças pequenas tendem a ser acolhedoras, enquanto os pequeninos que convivem com grupos diferentes de idade aprenderam lições importantes de como ser parte de um grupo.

A pesquisa revelou que crianças que passavam a maior parte do dia apenas com crianças da mesma idade, eram extremamente competitivas, ao contrário daquelas que interagiram com diferentes grupos.

A psicóloga Barbara Rogoff alerta: "Nós temos muito o que aprender com pessoas que estão em um estágio diferente da

---

[8] Mais reflexões a respeito podem ser encontradas em https://www.bostonglobe.com/ideas/2014/08/30/what-age-segregation-does-america/o568E8xoAQ7VG6F4grjLxH/story.html

vida do que o nosso". Ela, que é psicóloga da Universidade da Califórnia e tem estudado o assunto por anos, diz estar especialmente preocupada com a vida das crianças nos Estados Unidos. "As pessoas pensam que crianças precisam ter uma vida completamente diferente e separada de adultos, mas isso não é verdade e não é a melhor maneira para elas crescerem e amadurecerem. Temos excluído as crianças da vida em comunidade a ponto delas sentirem que não tem nada para oferecer."

Claro que toda criança ama brincar com criança, correr na rua e se divertir. Mas a interação com adultos é tão importante quanto ou até mais. Que tipo de adolescentes e jovens esperamos ter se durante a infância estamos confinando nossos filhos com outras crianças dentro de uma sala e limitando as experiências deles ao menu infantil com cachorro quente, pizza de queijo ou pepperoni e videogames? Por que a maioria das crianças não gosta da escola se elas amam aprender, conhecer o mundo lá fora? Por que não as expor a experiências interessantes, como provar diferentes tipos de comidas, ver lugares diferentes e se maravilhar com o mundo lá fora? Por que não permitir que eles conversem com o avô e ouçam sobre como as coisas eram antigamente, que eles perguntem ao garçom que está servindo a sua mesa da onde ele veio, que língua se fala em seu país e se ele não sente falta da sua casa? Não tem nada de errado em deixar as crianças algumas horas no clube do hotel, ou na escola, ou na creche, mas não podemos limitar a vida de uma criança à convivência com crianças da mesma faixa etária. A infância é tempo de preparação para a vida adulta. Se você e eu não queremos viver em um mundo em que nossos jovens só se interessam por videogames e *fast food*, num mundo em que eles não têm o mínimo interesse em ouvir as experiências de outros que pensam e vivem diferente deles mesmos, precisamos começar agora.

Demasiadamente distraídas

Esse tópico provavelmente nem precisaria existir em um livro se eu estivesse escrevendo há 20 anos, na época em que era adolescente. Às vezes é difícil acreditar na mudança que a tecnologia trouxe em tão pouco tempo. Há 20 anos, se alguém me dissesse que hoje teríamos acesso à Internet no laptop, no iPad, no celular e até no relógio, eu logo diria: "Mas quem vai querer isso?". Certamente naquela época não via a necessidade de estarmos o tempo todo conectados. Os primeiros celulares estavam saindo no Brasil e já era revolucionário o bastante conseguir falar de qualquer lugar, imagine acessar a Internet!

Hoje, sofro como a maioria das pessoas para encontrar um equilíbrio e não me tornar escrava das redes sociais. A tentação pela foto perfeita, pelo *post* que gerará centenas de curtidas, o registro do momento para torná-lo inesquecível, muitas vezes acabam nos impedindo de estar presentes ao vivo e a cores.

Lembro-me das primeiras férias que tiramos em família depois da explosão e popularização do *Facebook*. A preocupação de tirar fotos e registrar os momentos mágicos que estávamos vivendo se tornou maior do que o desejo de aproveitar aquele momento de fato. E essa preocupação nem era fruto de exibicionismo ou algo assim, mas um desejo sincero de que os amigos e familiares vissem que maravilhoso foi o momento que vivemos, o pôr do sol perfeito que os nossos olhos contemplaram.

Era o desejo de eternizar cada momento vivido com nossos filhos e por isso não perdíamos a oportunidade de tirar centenas de fotos a cada passeio. O que não demorou muito para percebermos é que nossos filhos estavam estressados de terem que ficar posando vezes sem fim até conseguirmos a foto "perfeita". As tão esperadas férias os estressavam em vez de lhes proporcionar alegria. Cada vez que pedíamos para que olhassem para câmera, reclamavam dizendo: "Ah... de novo? Já estou cansado de foto".

Quão difícil tem sido para a nossa geração desconectar-se por alguns momentos ou horas. Aquilo de que não precisávamos até poucos anos atrás se tornou quase um vício, sem o qual não podemos viver. Colocamos os filhos na frente da tela da televisão para podermos relaxar diante do computador. Jantamos correndo e ficamos bravas se eles derrubam algo na mesa ou demoram para comer, porque "precisamos" comentar as fotos que os nossos amigos postaram. Vamos a um parque ou a uma praia e em vez de puxar uma conversa divertida ficamos com os olhos vidrados na tela do celular.

No parque, os nossos filhos nos chamam para empurrá-los no balanço e ficamos irritados, porque nos interrompem no meio de uma mensagem de texto ou enquanto lemos um artigo sem importância no celular. Talvez sejamos a primeira geração a enfrentar tantos desafios com relação às distrações que o mundo virtual oferece. Quando ficamos quase o tempo todo conectados àqueles que estão longe, esquecemos de nos conectar com os que estão perto e os distanciamos ainda mais.

Precisamos nos cuidar para não nos distrairmos demais com o *mundo virtual* e perdermos o que há no *mundo real*. A infância dos nossos filhos é breve demais. Algumas vezes, os dias parecem ser longos, mas os anos se vão rapidamente.

Um ditado americano diz que um balde com um pequeno furinho deixa toda a água vazar da mesma forma que um balde que é derrubado subitamente. Podemos perder o que é precioso "chutando o balde" com decisões impensadas que trazem consequências terríveis. Mas também podemos perder o que é precioso quando escolhemos erroneamente a forma de usar o nosso tempo. Precisamos nos cuidar para não sermos demasiadamente importantes, demasiadamente ocupadas ou demasiadamente distraídas para nos ocupar com nossos filhos.

Como perder a infância dos seus filhos mesmo estando presente

Mantenha o seu telefone ligado o tempo todo durante o dia. Permita que os toques, as notificações e as mensagens interrompam as frases dos seus filhos pelo meio. Permita que quem ligar ou enviar uma mensagem, tenha a prioridade sobre quem está com você. Passe os primeiros e os últimos momentos do dia com os olhos na tela, checando todas as redes sociais para ver se algo novo aconteceu. Torne o aplicativo com o qual você está brincando mais importante do que brincar de bola com seus filhos no jardim. Melhor do que isso, grite com eles para que a deixem em paz enquanto você joga o seu jogo.

Leve a sua criança ao zoológico ou ao parque e gaste tanto tempo com o seu celular, que a sua criança olhe para a mãe ao lado, que está interagindo com o filho dela, e comece a dar risadinhas e a querer participar da brincadeira deles. Negligencie hábitos diários, como cobrir o seu filho na cama antes de dormir ou se sentarem juntos em família para jantar, pois você está muito ocupada com seu *Facebook* ou *Instagram*. Não tire os olhos da tela do seu telefone quando o seu filho chamar, apenas responda com um "aham" para que ele pense que você está prestando atenção. Perca a paciência e seu temperamento com o seu filho quando ele "incomodar" o seu momento no mundo virtual. Use o tempo que está no carro dirigindo para ficar batendo papo no telefone em vez de conversar com seus filhos sobre o dia deles — ou sobre seus medos, seus sonhos, suas preocupações.[9]

---

[9] Texto de Rachel Macy Stafford https://www.handsfreemama.com/2012/05/07/how-to-miss-a-childhood/

Não é fácil aceitar a possibilidade de que as distrações da vida moderna tenham assumido uma prioridade que não merecem sobre as pessoas que realmente importam em nossa vida. Porém, com sabedoria e discernimento, podemos equilibrar as demandas da vida moderna sem perder o foco daquilo que é prioridade.

"Se algum de vocês precisar de sabedoria, peça a nosso Deus generoso, e receberá. Ele não os repreenderá por pedirem". —TIAGO 1:5

Será que Deus errou quando criou as crianças?

"Hoje a ficha caiu: Deus deve ter errado quando criou as crianças! Faz seis dias que eu comecei a ensinar o meu filho a ir ao banheiro e adivinha o que aconteceu? Ele sofreu vários acidentes! E aquele método perfeito que garante que meu filho aprenderá a ir ao banheiro em três dias não funcionou de novo! Só pode ter algo de errado com as crianças. Acho que Deus errou quando criou as crianças."

Você percebeu que as crianças têm um tempo diferente do nosso? Elas têm tempo para observar as coisas no caminho, para dar risadas, para lamber lentamente um sorvete, para ouvir as histórias dos avós. Elas têm tempo de interromper uma caminhada para procurar de onde vem o canto do pássaro. E as crianças entendem porque estamos sempre com pressa, correndo de um lado para o outro, com medo de perder a próxima atividade, a próxima aula, a próxima festa, a próxima... nós estamos sempre atrasados e com pressa e parece que as crianças não entendem isso! É, acho que Deus deve ter errado mesmo quando criou as crianças...

Você já percebeu quanto uma criança demora para comer? Primeiro, elas demoram para lavar as mãos, começam a brincar com a espuma do sabão e adoram sentir a água gelada batendo na pele. Depois, se distraem no caminho do banheiro até a mesa. Aí, ficam olhando para a comida, observando tudo o que tem no prato e na mesa. Colocam pedaços pequenininhos na boca e aproveitam a oportunidade de estarmos sentados juntos para despejar os milhares de questionamentos, os "por quês?". Isso quando não deixam cair metade da comida no chão e sujam toda a roupa.

E elas nunca entendem a nossa urgência. Por mais que a gente repita mil vezes que estamos com pressa, elas continuam demorando e demorando para terminar o jantar. Será que elas não entendem que nós, os adultos, precisamos jantar rápido, por que temos que fazer muitas coisas importantes depois da refeição? Precisamos nos sentar diante da televisão e relaxarmos depois de um dia estressante ou acessar o *Facebook*, comentar as fotos lindas e engraçadas dos filhos dos nossos amigos com o rosto sujo de comida, mas não teremos tempo para isso se elas continuarem demorando tanto para comer! Mas as crianças não entendem isso. É, Deus deve ter errado mesmo quando criou as crianças.

E essa mania terrível que as crianças têm de querer fazer as coisas sozinhas? "Eu quero pôr o sapato, mamãe! Eu quero tentar colocar o suco no copo sozinho." E cada vez que elas querem aprender a fazer as coisas sozinhas, demoram muito e cometem erros, se sujam e sujam a casa. As crianças não entendem que no mundo adulto não existe tempo para aprendizado nem para o erro. Será que Deus não poderia ter criado essas crianças como os filhotes do reino animal, que antes do seu primeiro ano já aprenderiam a andar, caçar e a se virar sozinhos? É, Deus deve ter errado quando criou as crianças.

Tem tanta coisa errada com as crianças... Elas ficam doentes, choram para ficar numa escola nova na qual não conhecem ninguém, querem colinho, gostam de fazer perguntas e mais perguntas. Gostam de chamar nossa atenção e mostrar o quanto são fortes quando dizem: "Olha eu mãe, olha eu". Ficam irritadas e chatas quando não descansam direito, quando estão com fome. E as crianças não entendem que não temos tempo para tudo isso! Não temos tempo para responder suas perguntas o tempo todo, não temos tempo para remarcar compromissos, não podemos faltar ao trabalho, nem temos tempo para tirar o olho do celular e prestar atenção neles subindo na árvore. Simplesmente não temos tempo. As crianças não entendem nada da complicação da vida moderna, da correria do dia a dia, da competição no mercado de trabalho, e que se a gente não correr atrás do prejuízo, a gente acaba ficando para trás. Para trás do que ou de quem eu não sei bem, mas a gente acaba ficando para trás!

Será que Deus não entende que os tempos mudaram? Esse modelo de criança, que precisa de carinho, de atenção, que anda num ritmo diferente da gente, até funcionava há algumas décadas, mas hoje em dia, não dá mais! Tudo é moderno, rápido, geração micro-ondas e *fast food*. Mas crianças, crianças tomam tempo!

Talvez seja o tempo de Deus repensar tudo isso. Esse modelo de criança está ultrapassado, já não funciona mais! É, acho mesmo que Deus errou quando criou as crianças... ou, então, quem sabe? A gente é que está precisando aprender um pouco com elas.

PAUSA PARA REFLEXÃO

1. Meus filhos me veem como uma pessoa demasiadamente importante, quase que inacessível ou eles se sentem confortáveis ao se aproximarem de mim?

2. Será que ligações telefônicas, o cuidado com a casa, os amigos, o meu tempo só têm me tornado muito ocupada para os meus filhos?

3. Qual o papel das redes sociais e do mundo virtual dentro do nosso lar? A tecnologia tem nos distraído demasiadamente e prejudicado nosso relacionamento com os filhos? Quais são alguns passos que podemos dar para mudar isso?

5

Descobertas, prioridades e expectativas

Atlanta, a cidade onde moro, está localizada no sul dos Estados Unidos. Uma das coisas que mais me encantaram quando me mudei para cá foram as estações do ano. Cada uma delas é muito bem definida. Cheguei aqui no verão, com calor excruciante, como é até hoje. As árvores ficam todas verdes e frondosas. O céu é bem azul e o sol brilha fortemente. O dia começa às 7h e lá pelas 21h o Sol se põe.

Depois vem o outono: o dia é quente, mas quando vai chegando o fim da tarde, dá para sentir uma brisa gostosa, que traz o desejo de colocar uma jaqueta ou de se aconchegar no sofá. As árvores são um espetáculo à parte: as folhas, antes verdinhas, mudam para um vermelho vibrante, outras laranja ou amarelo. Mas, conforme os dias vão passando, o friozinho do final do dia vai aumentando, e as folhas das árvores começam a secar.

O inverno chega. Os dias se tornam mais curtos e às 17h já escureceu. É tempo de usar botas e casacos pesados. A neve vem de vez em quando, para alegria da criançada que ama brincar de guerrinha com bolas de neve ou fazer bonecos de neve. Mas para mim, o maior sinal do inverno são as árvores — novamente, tão cheias de vida no verão, tão lindas e coloridas no outono e agora são apenas galhos secos lutando para sobreviver. Para quem está passando o primeiro inverno nos EUA, dá a impressão de que elas estão mortas, pois não se vê um sinal de vida. Até que, devagarinho, o Sol começa a aquecer um pouco mais, vê-se uma enorme revoada de passarinhos de um lado para o outro em migração e pequenos brotos começam a crescer nas árvores que jugávamos já sem vida. Há euforia nas ruas, as crianças brincam e comemoram a chegada da primavera.

Quando me perguntam qual é minha estação predileta, tenho dificuldade em responder. Cada uma é tão única, tão especial. Amo a neve, mas também amo o canto dos passarinhos na árvore que fica ao lado da janela do meu quarto. Eles me acordam toda manhã durante a primavera. Fico deslumbrada com as cores do outono, mas adoro visitar uma cachoeira e me molhar durante o verão.

Cada estação tem também as suas dificuldades: o pólen na primavera é tão forte que os carros ficam cobertos de amarelo e a maior parte da população sofre com alergias. O calor do verão traz mosquitos e insetos e assim por diante.

Temos vários amigos que vieram de partes bem quentes do Brasil. Alguns deles se deslumbram com o frio. Outros detestam e se sentem como miseráveis durante os três meses do inverno, reclamando cada dia que precisam levantar da cama.

Outra coisa interessante que observei nos mais de 18 anos que tenho vivido aqui é a atitude dos que chegam de outros países. Os Estados Unidos é um país que recebe muita gente do mundo inteiro. Por isso, é bastante comum quando se está no mercado ouvir alguém falando espanhol, árabe, francês etc. A igreja que frequentamos é uma igreja formada, basicamente, por imigrantes. Por causa do tempo que estamos aqui, por conhecermos melhor as leis do país, o sistema escolar e as peculiaridades da vida local, estamos sempre ajudando pessoas que estão chegando. Em nosso trabalho de receber os novatos, dá claramente para perceber que para algumas pessoas, a mudança, "o novo" e até os desafios são vistos como oportunidades; porém para outros é um impacto, e veem esse novo com ressentimento. Uns se concentram na nova fase da vida, naquilo que podem aprender, nas coisas boas que o país oferece. Outros procuram manter a mente e o coração presos ao passado, mesmo que esse passado não tenha sido tão bom assim.

Pela minha natureza, não sou uma pessoa que gosta de mudanças. Sou do tipo que gosta de ter meus pés bem firmes no chão, amo rotinas e considero excessivamente os riscos de qualquer decisão. Mas tenho aprendido uma coisa nesta jornada da minha vida: mudanças são inevitáveis. A nossa sensação de ter tudo sob controle e bem planejado nada mais é do que uma falsa segurança.

A vida nos surpreende com mudanças repentinas, muitas delas que não planejamos nem esperamos. Uma demissão, uma enfermidade, uma proposta melhor de trabalho em outra cidade, mudanças no cenário político do país e escolhas que outros fazem e acabam nos afetando. Nossa vida passa por estações. Algumas de satisfação e alegria, outras de dificuldade e sequidão. Às vezes, por ironia, experimentamos os dois ao mesmo tempo. Mas, assim como as estações do ano, cada estação da vida tem a sua beleza.

Quando me tornei mãe, não demorou muito até eu perceber que estava em uma nova estação de minha vida, uma estação que me transformaria, que me moldaria como um vaso nas mãos do Oleiro.

Flexibilidade às mudanças

É comum ouvir de algumas amigas que eu nasci para ser mãe. Normalmente as pessoas justificam isso dizendo que dá para observar a alegria e a leveza com que, segundo elas, eu lido com a maternidade. Realmente amo ser mãe e busco usufruir cada momento da infância dos meus filhos, mas também tenho dias de frustração e cansaço. Desfruto muito da companhia dos meus filhos, dos programas que fazemos juntos e hoje em dia estamos bem acostumados à rotina de uma família com três crianças pequenas. Mas como tudo na vida, trilhamos e continuamos trilhando um caminho de aprendizado.

Quando tive o meu primeiro filho, por mais apaixonada, encantada e realizada que estivesse com a sua chegada e a realização de um sonho, também sentia alguma frustração. Sentia-me frustrada porque por anos, eu achei que tinha o "controle absoluto" da minha vida. Eu marcava um compromisso e não precisava desmarcar. Programava os meus dias e tinha certeza de que as coisas funcionariam como planejado. Conseguia chegar no final da tarde com a sensação gostosa de que todos os itens da minha lista de tarefas e responsabilidades tinham sido cumpridos. Aquilo era um prazer enorme para uma pessoa sanguínea e de iniciativa, não tão paciente como eu.

Não demorou muito para Joshua mostrar para mim que as coisas eram diferentes com um bebezinho em casa. Eu li vários livros sobre educação infantil que garantiam a técnica perfeita para o bebê dormir a noite toda, e diziam que é possível ser uma "super mulher" ao mesmo tempo em que se é mãe: manter a casa sempre impecável, ter uma carreira de sucesso e em expansão, fazer trabalhos voluntários, e ainda preparar as melhores festas da cidade e no final do dia ainda estar linda e descansada esperando o marido. Logo, fui confrontada com a realidade de que estava em uma nova estação da minha vida e tinha duas opções: ou eu aprendia a dançar conforme a música ou transformaria o meu sonho em um pesadelo, tanto para mim quanto para o meu filho.

Foi nessa fase que comecei a aprender com a Bíblia sobre as diferentes estações da nossa vida e, mais do que isso, como nos tornamos sábias ao reconhecer a diferença entre cada estação, a viver de acordo com ela e a aceitar as mudanças que o passar do tempo nos traz.

Para todas as realizações há um momento certo; existe sempre um tempo apropriado para todo o propósito debaixo do céu.

Há o tempo de nascer e a época de morrer,
tempo de plantar e o tempo de arrancar o que se plantou,
tempo de matar e tempo de curar, tempo de derrubar e
tempo de edificar, tempo de chorar e tempo de rir,
tempo de lamentar e tempo de dançar,
tempo de atirar pedras e tempo de guardar as pedras;
tempo de abraçar e tempo de se apartar do abraço,
tempo de buscar, e tempo de desistir, tempo de conservar
e tempo de jogar fora, tempo de rasgar, e tempo de
costurar; tempo de ficar quieto e tempo de expressar o que
se sente, tempo de amar e tempo de odiar, tempo de lutar
e tempo de estabelecer a paz.

Que proveito o trabalhador tira de sua fadiga diária?
Observo a tarefa que Deus deu aos seres humanos para
que dela se ocupem.

Ele fez tudo apropriado ao seu tempo. Também
colocou no coração do homem o desejo profundo pela
eternidade; contudo, o ser humano não consegue perceber
completamente o que Deus realizou.

Sendo assim, compreendi que não pode haver felicidade para o homem a não ser a de alegrar-se e fazer o bem durante toda a sua vida. —ECLESIASTES 3:1-12, KJA

Eclesiastes nos ensina muita coisa sobre as diferentes estações. O texto começa mostrando que há um tempo para todas as coisas. Depois nos mostra os opostos ou paradoxos da vida — tristezas e alegrias, conquistas e derrotas —, e termina mostrando que em Sua sabedoria, Deus fez tudo formoso ao seu tempo. No final, Salomão diz que entendeu que não há nada melhor para o homem (para o ser humano) do que se alegrar, ser feliz, e praticar o bem enquanto vive.

Dentro do contexto, podemos entender que Salomão está ensinando que é inevitável que a vida passe por estações, boas e ruins, árduas: de semeadura; e de alegria: colher o que se semeou. De juventude e saúde; de velhice com as dificuldades que estas acarretam. Mas também revela que não há nada melhor do que aprendermos a nos alegrarmos, sermos felizes em cada uma das estações. A nossa alegria vem como consequência do entendimento de que em meio das mudanças que a vida traz, Deus permanece o mesmo e Seu propósito permanece eterno e inabalável.

Quando me tornei mãe e passei a entender o novo ciclo que se iniciava em minha vida, parei de querer viver do mesmo modo como vivia até então e dei liberdade a mim mesma para me redescobrir nessa jornada. Descobri que uma mãe nasce no mesmo dia que seu filho, e que a maternidade não é um monte de "faça aquilo" ou "não faça isso outro". Maternidade é relacionamento, é jornada, é dia a dia. Descobri que eu sou mais flexível do que eu imaginava, pois eu posso aprender a viver em uma casa que não se parece sempre com as casas estampadas nas capas de revistas, que quando um dos meus bebês fica doente, está bem eu alterar todos os planos para ficar cuidando dele sem me frustrar ou ficar chateada. Descobri que amo fazer piquenique à sombra de uma árvore até mais do que gosto de frequentar restaurantes legais e badalados. Descobri que o melhor bate-papo com uma amiga é enquanto vemos nossos filhotes correrem e brincarem, e que essa é uma das memórias mais gostosas que levarei da infância deles. Descobri que as risadinhas de uma criança têm o poder de acalmar a alma quando estamos preocupadas e ansiosas.

Descobri também que uma ida àqueles circos de tenda, bem simples, com palhaço, malabarista e maçã do amor é muito mais valioso do que o espetáculo mais caro da *Broadway* — quando eu vejo o brilho nos olhos dos meus pequenos. Descobri que ensinar os meus filhos a amarrar o tênis ou a andar de bicicleta e poder observar quão orgulhosos eles se sentem quando conseguem é tão importante quanto dar uma palestra para uma plateia com 100 adultos. Descobri que não preciso ser uma mãe perfeita, mas uma mãe disponível. Descobri que a maternidade é um experimento radical da graça de Deus. Descobri que, por eles, sou forte e tenho coragem de enfrentar as circunstâncias de fora e os leões interiores que às vezes me atormentam. Descobri que não preciso ter, necessariamente, uma carteira assinada e bater ponto das 8h às 18h para estar fazendo algo importante.

Descobri que Jesus não tinha cargo ministerial algum, mas mudou o mundo porque era servo. Descobri que eu não preciso de títulos para servir, para amar, para dar uma palavra de consolo. Descobri que preciso ser tolerante e paciente comigo mesma. Descobri que leva tempo até a gente se adaptar à nova vida. Descobri, ainda, que às vezes a gente chora sem motivo, sente-se cansada e incapaz. Descobri que o melhor exemplo que posso dar para os meus filhos é ser graciosa comigo e com eles, afinal, o perfeccionismo não é fruto do Espírito, mas o amor é!

Um dia, enquanto conversava com uma amiga mais velha, que já tem filhos adultos, era interrompida com frequência por um dos três meninos que precisava ir ao banheiro, precisava de ajuda para abrir um pacote de bolacha ou simplesmente para chamar minha atenção. Ela, não sei se frustrada ou querendo me consolar, disse: "Essa fase passa rápido". Dentro do meu coração, senti um aperto e pensei: *Quem disse que quero que passe rápido?* Eu posso pedir que dure para sempre? Seria egoísmo meu! Eles vão crescer e eu preciso apoiá-los nas novas etapas que virão. Tudo o que posso fazer é desfrutar essa estação tão linda, sabendo que o Senhor fez tudo perfeito ao seu tempo.

Prioridades

No livro *Mentiras em que as mulheres acreditam e a Verdade que as liberta* (Ed. Vida Nova, 2013), a autora Nancy Leigh DeMoss diz que 70% das mulheres entrevistadas por ela na preparação do livro reclamaram que não tinham tempo suficiente para fazer tudo que gostariam. A maioria delas disseram que estavam muito ocupada, sobrecarregada, exausta por tantas exigências e necessidades. Por isso, sentiam-se desencorajadas, sufocadas e desanimadas.

Contraditoriamente, a vida moderna oferece facilidades como nunca experimentadas antes: micro-ondas, máquina de lavar roupa, máquina de lavar louça, aspirador, fraldas descartáveis, comida congelada ou disk pizza, entre outras coisas.

O dia continua tendo as mesmas 24 horas, como sempre teve, desde a fundação do mundo. A semana ainda tem sete dias e o ano 365. E tudo isso, insisto, desde que o mundo é mundo. O que mudou, então? Será que temos confundido o que são prioridades, necessidades e coisas que só vêm para roubar o nosso tempo e alegria?

Prioridade significa o que vem primeiro. A palavra vem do latim *pioritas*, que significa anterior. A prioridade significa colocar algo ou alguém antes, em relação a outra coisa. Mas como saber quais são *nossas* prioridades? Bem, a Bíblia é clara ao nos indicar que Deus, isto é, o nosso relacionamento com Ele, é prioridade em nossa vida. Deuteronômio 6:5 afirma que nós devemos amar a Deus sobre todas as coisas. Quando amamos a Deus sobre todas as coisas e com todo o nosso entendimento (nossa forma de ver o mundo), as coisas que são importantes para Ele passam a ser as que são importantes para nós também.

Sabemos, por exemplo, que Deus sempre coloca pessoas à frente de coisas. Jesus é aquele que busca uma ovelha perdida. É o mesmo que tem compaixão pelos doentes, pelos que sofrem e Ele gosta de estar perto das crianças. Por isso, concluímos que o que fazemos deve ter como alvo abençoar, cuidar e amar *pessoas*, e não só produzir recursos financeiros. Claro que trabalhamos porque precisamos do salário no fim do mês, mas devemos fazer o nosso trabalho como se o estivéssemos fazendo para Deus e com o intuito de ajudar, de servir os que se beneficiam do nosso trabalho. Se você já foi aluno em uma escola, certamente percebeu a diferença entre um professor que trabalha somente pelo salário e aquele que ama compartilhar o seu conhecimento com os alunos.

Também precisamos ver as nossas prioridades de acordo com a estação em que estamos vivendo. Quando somos solteiras, como disse Paulo, ocupamo-nos com as coisas do Senhor. Também temos mais tempo para *hobbies*, amizades, estudos. Quando nos casamos, passamos a nos preocupar em como agradar o marido, a aprender a caminhar juntos, a sonhar juntos. E quando vêm os filhos, há um novo reajuste (ou muitos novos reajustes).

A Palavra de Deus em 1 Timóteo 5:8 nos diz que aquele que não cuida dos seus negou a fé, e é pior do que um descrente

(1 TIMÓTEO 5:8). Não adianta servimos o mundo inteiro se não servimos, respeitamos e amamos os mais próximos de nós. Por esse versículo, percebemos que nem mesmo o trabalho ministerial substitui o cuidado que precisamos ter com a nossa família.

Algumas perguntas que gosto de me fazer e que ajudam a entender as minhas prioridades e qual dever ser meu foco são: *Por que estou fazendo isto? Qual minha motivação? Isto está dentro da minha prioridade, do meu foco para esta etapa da minha vida?*

Um aspecto que procuro analisar são as coisas que podem esperar *versus* as coisas que precisam da minha atenção neste exato momento. Por exemplo, tenho vontade de fazer uma pós-graduação e mestrado. Se tivesse familiares morando perto eu poderia fazer *agora* e ainda assim continuar cuidando da minha família. Mas como não tenho, percebi que não disponho de tempo necessário neste momento da minha vida. Daqui a oito anos os meus filhos estarão em outra fase de suas vidas. Creio que seria de grande prejuízo colocá-los em segundo plano agora. Já a pós-graduação pode esperar. Por outro lado, amo escrever. E isso é algo que tenho conseguido conciliar de uma forma equilibrada com a vida familiar sem ter que abrir mão de estar presencialmente com meus filhos.

Certa feita, eu estava conversando com uma terapeuta sobre a exaustão física e emocional que vivia naquele momento. Ela disse uma frase que me marcou e nunca mais esqueci: "Sempre que dizemos 'sim' para alguma coisa estamos dizendo 'não' para outra". Até aquele momento, jamais tinha percebido essa verdade. Sou uma pessoa só e não sou onipresente. Tampouco sou atemporal. Sou limitada pelo tempo. Meu dia tem 24 horas e a maneira como vou usá-las é uma escolha minha. Não posso sair dizendo "sim" para tudo automaticamente, pois, mesmo sem querer, estarei dizendo "não" para outras coisas. Se digo "sim" para coisas que não são importantes ou essenciais, estarei negligenciado outras que são importantes e essenciais. Passei então a ser intencional para quem e para o que digo "sim" e "não".

> *Portanto, sejam cuidadosos em seu modo de vida.*
> *Não vivam como insensatos, mas como sábios.*
> *Aproveitem ao máximo todas as oportunidades nestes*
> *dias maus. Não ajam de forma impensada, mas*
> *procurem entender a vontade do Senhor.* —EFÉSIOS 5:15-17

Como mulheres cristãs, precisamos ser prudentes na maneira como usamos o nosso tempo, entendendo qual é a vontade do Senhor para o momento da vida que estamos atravessando. Se desperdiçamos nosso tempo, energia e recursos em coisas que não são tão importantes no momento, estaremos exaustas e sem motivação para aquilo que realmente importa e que é prioridade. Por isso, precisamos ser intencionais em como usamos o nosso tempo. Isso significa que jamais teremos tempo para lazer, para fazer algo que gostamos ou descanso? De forma alguma! Descansar, manter a mente e o corpo sadios é fundamental para a nossa saúde física e emocional, e para termos condições de cuidar de nossa família.

Outra coisa que percebi é que às vezes nos embaraçamos com coisas pequenas, perdendo o foco daquilo que realmente importa. Por exemplo, aqui em casa, tanto as crianças como o meu marido gostam muito de celebrar seus aniversários. Quando começou o ano, no primeiro dia de aula, o meu filho de seis anos recebeu um questionário da professora com perguntas sobre o ano que passou. A última questão era: "qual foi o marco do seu ano, o dia mais importante?". Ele respondeu: "A minha festa de aniversário".

Sinto-me realizada por servi-los fazendo uma festinha, recebendo os amigos para celebrar e nos alegrarem conosco. Mas no primeiro aninho do meu filho, em vez de curtir e me alegrar com a preparação da festa, fiquei sobrecarregada, gastei o que não podia e perdi o foco do que realmente importava querendo fazer uma festa gigantesca, preocupando-me demais com decoração, comparando-me a outras mães que tinham dado uma festa recentemente e me deslumbrando com tudo o que via na Internet.

Não há nada errado em fazer uma festa de arromba, mas se tal festa vai se transformar em um peso e o custo disso será a minha alegria e a minha atitude para com a minha família, por que não fazer uma festa modesta com as pessoas que mais amamos e lembrar que o verdadeiro motivo é celebrar o presente que é meu filho?

Não deixamos de comemorar nos anos seguintes por causa do desastre do primeiro ano. Fiz festinhas caseiras com muito amor e carinho e eles participaram do processo enrolando docinhos, enchendo balões e limpando a bagunça quando tudo acabava. Para eles não houve diferença alguma da festa feita em um salão dispendioso, e com estresse, e a festa feita em casa de forma simples. As duas tiveram pessoas que eles amavam, docinhos, bolo gostoso e brincadeiras.

Expectativas

Talvez a maior transformação que a maternidade trouxe para mim foi aprender que não posso viver para corresponder às expectativas de todas as pessoas ao meu respeito e agradar a Deus ao mesmo tempo. Sendo uma mulher que tinha fobia a dizer "não", e com isso decepcionar alguém, esta foi uma mudança radical.

Claro que gosto agradar a tantas pessoas quanto possível, gosto de honrá-las, de ajudá-las e deixá-las alegres. Mas quando passamos a depender da aprovação dos outros, carregamos um fardo muito pesado para uma pessoa. Paulo nos ensinou o seguinte: "Acaso estou tentando conquistar a aprovação das pessoas? Ou será que procuro a aprovação de Deus? Se meu objetivo fosse agradar as pessoas, não seria servo de Cristo" (GÁLATAS 1:10).

O ser humano, em geral, gosta de dar opinião sobre tudo. Não é à toa que a Bíblia diz que aquele que controla a sua língua pode controlar o corpo todo. Ouvir conselhos e ter amigos é muito bom. Cabe a nós, no entanto, ouvir e filtrar aquilo que realmente faz sentido para nós, para a fase que estamos vivendo e se está de acordo com a vontade do Senhor para a nossa vida.

Podemos perceber na Palavra que Deus nos chamou para darmos frutos. Mas ser frutífero não significa ser demasiadamente ocupados. Às vezes, ocupamo-nos com coisas que são como aqueles ramos que crescem em uma árvore, ramos que apenas sugam a energia e força da árvore e a impedem de produzir frutos verdadeiros. A poda, por mais que dolorida que seja, precisa ser feita para que a árvore cresça saudável e produza frutos bons.

Por conta do trabalho que desenvolvo junto às crianças, mães e professores de ministério infantil, e também escrevendo para o meu *blog*, recebo vários convites e pedidos. Tenho o maior prazer em respondê-los, mas alguns fogem completamente do propósito do meu trabalho e outros vão na direção contrária do que eu acredito. Para esses convites, preciso dizer "não" com educação e maturidade.

Nancy Leigh de Moss fala algo muito interessante em seu livro *Mentira que as mulheres acreditam e a Verdade que as liberta* (Ed. Vida Nova, 2013): "Jesus viveu apenas 33 anos aqui na Terra e impactou a história da humanidade. Jesus, no final de Sua vida disse: 'Eu te glorifiquei aqui na terra, *completando a obra que me deste para realizar*'" (JOÃO 17:4 — ÊNFASE ADICIONADA). Outra versão da mesma passagem diz "fazendo o que me destes para fazer" (*O Livro*). Jesus fazia aquilo que Deus pedia a Ele, a obra que Deus delegou a Jesus e não o que todos esperavam que Ele fizesse. Como Jesus conseguiu completar o Seu trabalho? Ele realizava o que foi chamado para fazer.

Se formos olhar bem atentamente a vida de Jesus, e isso pode ser um pouco chocante, veremos que Ele não estava tão preocupado com o que os outros esperavam a Seu respeito. Os discípulos queriam que Ele se tornasse o Rei de Israel, viam nele a oportunidade de se tornarem famosos e importantes. Os fariseus, por outro lado, o detestavam, visto que Jesus não tinha nenhum problema em dizer que era o Filho de Deus. Outros o viam como um professor, não como o Senhor. A mãe de Jesus tinha pressa para que Ele transformasse água em vinho num casamento. E qual foi a resposta dele? "Minha hora ainda não chegou" (JOÃO 2:4).

Até Satanás, no deserto, tentou fazer que Jesus provasse quem Ele era fazendo algo inovador, espetaculoso. Porém, Jesus não precisava provar nada a ninguém. Ele entendia que as pessoas não sabiam o que estavam pedindo e que o melhor que Ele poderia fazer por elas era aquilo que Deus o tinha enviado a fazer, que era completar a obra do Pai.

Em nossa vida, é comum que as pessoas tenham expectativas a nosso respeito. Elas esperam que sejamos mães da maneira como elas imaginam que seja o ideal. Ou esperam que a esposa de um pastor tenha certas características segundo o padrão delas. E não estou falando de aspecto moral ou do caráter, mas de gostos pessoais e de posicionamentos sobre determinados temas, como criação de filhos!

Pode acontecer que nós mesmas nos esqueçamos o que Jesus ensinou sobre o Corpo de Cristo, de cada membro desenvolvendo a sua função, e achamos que precisamos assumir todas as necessidades, de uma forma até orgulhosa por crermos que se não estivermos envolvidas em tudo, nada de bom acontecerá.

Mas quando buscamos discernimento em Deus para saber aquilo que Ele tem pedido de nós, quais são as prioridades e o que Ele quer que façamos, trocamos o peso da sobrecarga, o peso de trabalhos feitos pela metade ou de qualquer jeito, a culpa e a frustração, pela vida de paz, ordem, equilíbrio e ainda produzimos muitos e muitos frutos, glorificando Seu nome aqui na Terra.

Jesus chegou ao final de Sua vida afirmando que tinha glorificado o nome de Deus na Terra por ter feito toda a obra que o Pai lhe tinha confiado. Se quero viver uma vida frutífera, como mulher, mãe, esposa e serva, preciso ter discernimento para conhecer qual é a vontade de Deus para mim na estação em que estou vivendo agora.

> *"Venham a mim todos vocês que estão cansados e sobrecarregados, e eu lhes darei descanso. Tomem sobre vocês o meu jugo. Deixem que eu lhes ensine, pois sou manso e humilde de coração, e encontrarão descanso para a alma. Meu jugo é fácil de carregar, e o fardo que lhes dou é leve"* (MATEUS 11:28-30).

Esta é a estação dos sorrisinhos, e chorinhos, e pedidos de colo.
Esta é a estação de curar dodóis com beijinhos e curar o coração com um abraço.

Esta é a estação da sala cheia de brinquedos, dos
 vidros sujos de dedinhos e de paredes rabiscadas
 com canetinhas.
Esta é a estação de contar historinhas no sofá, de
 brincar de cabaninha e fazer bolinhos de chuva.
Esta é a estação dos milhares de "Por Quês" e dos
 "Comos" que nunca se acabam.
Esta é a estação dos banhos de cinco minutos, do jeans
 com sapatilhas e do café extra forte pra acordar.
Esta é a estação das apresentações de balé e dos jogos
 de futebol.
Esta é a estação do "olha eu mamãe, olha eu".
Esta é a estação de sorriso espontâneos, do choro
 sem motivo, de emoções intensas, dias lindos e
 outros difíceis.
Esta é a estação de fazer coceguinhas, de lutar com
 almofadas e de dar mordidinhas com carinho.
Esta é a estação de finais de semana no parque, de
 andar descalço na grama, de comer pipoca e maçã
 do amor.
Esta é a estação de ir ao circo, parque de diversões,
 passar as férias construindo castelos de areia e
 pulando ondinhas.
Esta é a estação em que tudo os deixa maravilhados.
 Cada nova descoberta, cada nova sensação.
Esta é a estação de cuidar, de amar, de se dar.
Esta é a estação de ficar torcendo para que eles durmam
 logo e depois correr no quarto pra espiar.
Esta é a estação de desligar o celular, de desconectar.
Esta é a estação de voltar a brincar de bola, de ir pescar
 e ensinar a empinar pipa
Esta é a estação de plantar e cultivar.

Esta é a estação que nosso colo tem poder de curar, nosso abraço poder de confortar, nosso sorriso poder de animar e nosso olhar poder de conquistar.

Esta é a estação que não dura para sempre! Seremos mães por toda vida, mas nossos filhos serão crianças por poucos anos.

Esta é a estação em que somos tudo para eles! Esta estação é apenas uma estação, que como todas as outras passará... aproveite!

PAUSA PARA REFLEXÃO

1. Que estação estou vivendo neste momento?

2. Minhas prioridades estão alinhadas com esta estação?

3. Sou demasiadamente dependente da opinião e aprovação dos outros? Por quê?

4. Agora pense e ore um pouquinho sobre qual é a vontade do Senhor para a estação em que você se encontra hoje.

6

A fórmula "nada mágica" de Jesus para um lar feliz

Jesus foi um revolucionário! Não é à toa que Ele foi perseguido, odiado e traído por muitos. Algo que me chama atenção em Jesus é que Ele não foi um desses revolucionários que dizem uma coisa e fazem outra. Ele ensinava com o próprio exemplo. Jesus era o que ensinava.

Talvez um dos maiores ensinos de Jesus, aquele que nos mostra quem Ele é, que manifesta o Seu caráter, foi o ensino sobre serviço. Enquanto todos os discípulos entendiam tudo errado e discutiam quem seria o braço direito de Jesus quando Ele se tornasse o homem mais importante de Israel, Ele pegava uma criança no colo e dizia que quem quisesse ser o maior deveria ser o menor.

Esse mesmo Jesus se preocupava com a multidão, se ela teria comida para jantar. Era Ele que servia uma refeição para Pedro depois deste tê-lo traído, e que lavava os pés imundos dos Seus discípulos. Pedro, sempre ele, não queria ser aquele quem lavava os pés de alguém, tampouco queria deixar Jesus fazê-lo. A resposta de Jesus a Pedro nos surpreende: "Se eu não os lavar [os seus pés], você não terá comunhão comigo" (JOÃO 13:8). Em minhas palavras seria algo assim: "Se eu não puder te servir, não estamos na mesma página, e não poderemos caminhar juntos".

Jesus era um servo. Ele não servia de vez em quando, por intimidação ou com mau humor. Servir era consequência de quem Ele era e de como via e se relacionava com o mundo. Servir era parte do Seu caráter. Diante disso, poderíamos até questionar: "Nossa! Tudo isso que Jesus ensinou é tão legal, tão bonito. Então, por que tantos o odiavam?". De fato, tudo o que Jesus disse é muito legal, faz muito sentido e nos emociona até o momento em que nós precisamos viver essa experiência. É nesse ponto que a história muda de figura. A nossa natureza quer ser servida. A nossa cultura valoriza os que têm muito: muito dinheiro, muita fama, muitas pessoas para servi-los.

Tenho uma amiga muito querida, pela qual tenho grande consideração. Ela se casou em uma época em que não andava com Deus, e com um homem que não era cristão. A maneira como ele vê o mundo era bem diferente do modo como ela o enxerga. Falando honestamente, ele é uma pessoa bastante egoísta. Todas as decisões tomadas por ele refletem somente aquilo que o beneficia. É extremamente exigente com o cuidado da casa, mas ele mesmo não ajuda em nada. Quando os dois tiram férias, só fazem passeios que ele quer e gosta, e apenas vão aos restaurantes que ele decide frequentar.

Esse marido sofreu muito durante a sua infância; como consequência, ele é bastante imaturo emocionalmente. Muitas vezes indaguei como ela conseguia estar feliz num relacionamento como esse. A resposta de minha amiga foi: "Se Jesus pode servir a todos ao Seu redor, por que eu não posso servir ao meu marido? Por que não posso ser eu a que vou lavar os seus pés? Eu vou fazer o que a Bíblia me ensina, vou servi-lo com alegria, vou ter uma atitude correta para que, mesmo sem palavras, ele possa conhecer a Deus pelo meu testemunho" (conforme 1 PEDRO 3:1,2).

Quando amamos a Jesus e ao próximo como a nós mesmas, o serviço torna-se parte de quem somos e nos traz alegria, paz e realização. Não servimos para sermos amadas ou reconhecidas, mas servimos porque quando vemos uma necessidade, temos alegria em poder ajudar.

Voltando à história do começo do capítulo, os discípulos estavam brigando porque alguns queriam ser mais importantes que os outros durante o reinado de Jesus, e quando os demais ouviram isso, ficaram indignados. Jesus aproveitou a ocasião para, mais uma vez, ensinar-lhes algo precioso:

> *Então Tiago e João, filhos de Zebedeu, vieram e falaram com ele: "Mestre, queremos que nos faça um favor". "Que favor é esse?", perguntou ele. Eles responderam: "Quando o senhor se sentar em seu trono glorioso, queremos nos sentar em lugares de honra ao seu lado, um à sua direita e outro à sua esquerda" […]. Quando os outros dez discípulos ouviram o que Tiago e João haviam pedido, ficaram indignados. Então Jesus os reuniu e disse: "Vocês sabem que os que são considerados líderes neste mundo têm poder sobre o povo, e que os oficiais exercem sua autoridade sobre os súditos. Entre vocês, porém, será diferente. Quem quiser ser o líder entre vocês, que seja servo, e quem quiser ser o primeiro entre vocês, que se torne escravo de todos. Pois nem mesmo o Filho do Homem veio para ser servido, mas para servir e dar sua vida em resgate por muitos".* —MARCOS 10:35-37,40-49

O que vivemos hoje, falo desse hábito de cada um buscar o seu próprio interesse, não parece ser novidade. Já em Seus dias, Jesus disse que as pessoas gostavam de mostrar a sua importância dominando, exercendo poder e sendo servidos pelos outros. Porém, quanto a isso o Senhor nos adverte: "Entre vocês, porém, será diferente". Entre "vocês" quem? Os que querem segui-lo, os que querem ser parecidos com Ele, os que querem ser chamados de discípulos de Cristo!

Em um lar cristão, em uma família que tem seus valores firmados na Rocha, os relacionamentos entre marido e mulher, pais e filhos, devem ser baseados no princípio de serviço mútuo: ajudar, servir e cuidar um do outro com alegria. Com relação a isso, o apóstolo Paulo nos exorta o seguinte: "Então completem minha alegria concordando sinceramente uns com os outros, amando-se mutuamente e trabalhando juntos com a mesma forma de pensar e um só propósito. Não sejam egoístas, nem tentem impressionar ninguém. Sejam humildes e considerem os outros mais importantes que vocês. Não procurem apenas os próprios interesses, mas preocupem-se também com os interesses alheios. Tenham a mesma atitude demonstrada por Cristo Jesus" (FILIPENSES 2:3-5).

Assim sendo, a dinâmica de uma família que tem Cristo como o centro é de amar e servir uns aos outros. O marido não se acha mais importante por trabalhar fora enquanto sua esposa fica em casa "simplesmente" cuidando das crianças; a esposa não se sente ressentida por estar servindo sua família. O marido honra a esposa pela posição que ela ocupa dentro da família e vice-versa. Quando os dois trabalham fora, o trabalho não é feito em termos de competição ou disputa para decidir quem é mais bem-sucedido, quem ganha mais, quem recebe maior reconhecimento.

Cada membro da família deve compreender que o bem de um é o bem de todos, que a vitória de um é a vitória de todos.

Que quando um cresce todos crescem, quando um sofre todos sofrem. Os pais servem e amam os seus filhos, os filhos servem aos pais e os honram e todos acabam aprendendo que é melhor dar do que receber (ATOS 20:35). Isso é bíblico!

O mais forte abre mão de certos privilégios por causa dos mais fracos

"Nós que somos fortes devemos ter consideração pelos fracos, e não agradar a nós mesmos. Devemos agradar ao próximo visando ao que é certo, com a edificação deles como alvo" (ROMANOS 15:1,2).

Essa declaração não faz o menor sentido para a nossa mente humana. Isso parece ser mais uma daquelas "loucuras" de Jesus, Aquele mesmo que nos diz para amar os nossos inimigos, oferecer a outra face e todas essas coisas incomuns.

Vamos ver se eu entendi bem: então os fortes devem abrir mão dos seus direitos, abrir mão dos privilégios, abrir mão até da própria vontade para dar suporte, para ajudar os que estão mais fracos em determinados momentos? Acreditar e viver esta verdade vai contra a nossa natureza humana em geral, vai contra tudo o que a sociedade contemporânea prega. Afinal, não cultuamos o direito individual?

Eu tenho o direito de ser feliz e meu marido não me completa mais. Eu mereço ter todos os meus desejos realizados, afinal, trabalho tão duro. Eu amo os meus filhos, mas é meu direito cuidar de mim mesma, ainda que isso signifique chegar em casa depois que a babá já os colocou para dormir.

Ouvi uma história que ilustra bem a cultura do "e eu não mereço ser feliz?", e foi contada pelo Dr. Mark Rutland, pastor de uma grande igreja norte-americana, durante um sermão.

Uma jovem, com seus 30 anos, recém-casada com o amor da sua vida, descobriu que tinha um tumor incurável no cérebro. Todos na igreja se reuniram ao redor daquele jovem casal para ministrar, cuidar e amá-los.

Passados alguns meses, a saúde da jovem decaiu muito e ela estava vivendo os seus últimos dias. Certo membro daquela igreja foi ao pastor, Dr. Rutland, e contou que o marido estaria traindo a esposa à beira da morte. O pastor não acreditou no que ouviu e, pasmo, achando que tudo fosse uma grande confusão, procurou o rapaz para esclarecimentos, certo de que tudo se resolveria. Para a sua surpresa, o próprio esposo não só confirmou a traição como ainda se queixou: "Todo mundo se preocupa com ela, todo mundo cuida dela. E eu? Onde ficam os meus direitos? Eu também mereço ser feliz". "E eu, e eu?"; "Meus direitos"; "Meus prazeres"; "Minhas realizações pessoais"; Tudo no "meu tempo".

Essa postura é tão diferente do que a Palavra de Deus nos ensina em 1 Coríntios 13 — o amor deve ser paciente, o amor tudo sofre, tudo crê, tudo espera, o amor não busca apenas os seus próprios interesses, mas consegue suportar a fraqueza dos fracos. Esse amor está revelado em histórias como a do Dr. James Dobson.

Talvez esse nome lhe soe familiar, ele é ouvido por mais de 220 milhões de pessoas em 164 países diariamente por meio de seus programas sobre família. O Dr. Dobson já escreveu mais de 30 livros, inclusive vários deles traduzidos para o português, como *Educando meninos* (Ed. Mundo Cristão, 2003), *Educando meninas* (Ed. Mundo Cristão, 2012), *Como lidar com a teimosia do seu filho* (United Press, 1998), *Educando crianças geniosas* (Ed. Mundo Cristão, 2006), entre outros.

Milhares de famílias foram fortalecidas por seu trabalho. Ele ainda foi eleito pelo *The New York Times* como "o cristão mais influente nos Estados Unidos" e aconselhou a diversos presidentes. Contudo, o Dr. James Dobson atribui o seu sucesso a alguém bem menos conhecido: o seu pai. De acordo com o proclamado PhD em desenvolvimento infantil, seu pai, James Dobson Sr., foi um evangelista que viajou de cidade em cidade ministrando o evangelho. Tudo ia muito bem e ele tinha uma agenda cheia para os anos seguintes. Porém, um dia a sua esposa ligou soluçando e dizendo: "Eu preciso de você aqui neste momento, não tenho conseguido sozinha". O problema era o então adolescente James Jr., que estava em uma fase dificílima e a mãe, sem saber o que fazer, precisava do apoio do marido.

James Sr. cancelou seus compromissos da agenda e dos anos seguintes, e assumiu uma posição pastoral numa igreja local até que tudo se reestabelecesse novamente. Quando fez tudo isso, ele não podia imaginar quem seu filho "problemático" se tornaria anos depois, nem imaginar os frutos que seriam colhidos por conta da decisão de abrir mão dos seus próprios interesses, dos seus próprios desejos, para suportar os que estavam fracos naquele momento.

Como sugeriu Paulo: "Nós que somos fortes devemos ter consideração pelos fracos, e não agradar a nós mesmos". Diariamente, centenas de anônimos têm essa coragem. Talvez seja o filho já adulto que cuida de sua mãe com *Alzheimer*, mesmo que isso signifique uma vida social menos agitada. Ou aquele marido, que teve que parar com tudo para acompanhar os últimos meses da sua esposa que estava morrendo com câncer. A mãe, que abriu mão do seu trabalho por causa do adolescente que precisava de mais suporte numa fase difícil. A esposa, que aceita servir seu marido mesmo quando ele ainda não entende o valor de servi-la.

É esse louco amor e aparentemente insensato que se demonstra nas grandes e nas pequenas coisas, que nos pede para abdicar de nós mesmas em função dos outros. É o amor que não é divulgado nas novelas da TV nem nos filmes *hollywoodianos*. Mas esse é o amor verdadeiro. O amor que tudo pode, que tudo crê, que tudo suporta. Podemos, sim, viver com esse amor. Podemos, sim, embarcar nessa jornada por amor, porque Deus vive em nós e Ele nos amou primeiro!

PAUSA PARA REFLEXÃO

1. Qual foi o ensinamento primordial de Jesus para Seus discípulos que se preocupavam em ser mais importantes que os outros?

2. Dentro do nosso lar, temos dado o exemplo de servir com alegria? De que maneira?

3. Você acha que a obsessão pelo "eu", tão vista em nossa cultura, tem influenciado as famílias cristãs? Por quê?

7

Não é o que você faz que importa, mas sim quem você é

Muitas mulheres, quando descobrem que estão grávidas, ficam ansiosas por fazer tudo certo e escolher o melhor para o seu bebê. Os questionamentos são muitos: "Será que devo tomar vitaminas durante a gravidez? Que tipo de parto devo escolher? Amamentar ou dar mamadeira? Receber visitas ou esperar até o bebê crescer um pouquinho? Dar vacinas ou não?". É verdade que as dúvidas não acabam quando o bebê nasce. Ao contrário. As dúvidas continuam durante a infância e a adolescência: "Dar ou não um celular? Deixar sair com os amigos?", e tantas outras que surgem no dia a dia.

Não bastasse tudo o que se passa pela cabeça de uma mãe, existem dezenas de *websites* e *blogs* na Internet que garantem dar a cada uma de nós a "receita do sucesso" para a maternidade. Para piorar, todo mundo tem um palpite a dar para uma grávida ou a uma mãe. "Ah, mas você não vai ser uma daquelas mães cheias de frescura, né?"; "Criança precisa comer de tudo, acompanhar o ritmo dos pais"; ou "Você sabe que criança precisa de rotina, né? Nada de sair dando de tudo *pra* criança, ou levando-a para todos os lugares."

Em meio ao desejo sincero de acertar, diante de tanta informação e a vontade de criar filhos bem-sucedidos, muitas vezes perdemos o foco daquilo que realmente importa e nos perdemos em meio ao que é secundário. Claro que aquilo que fazemos pelos nossos filhos e família é importante, mas a verdade é que o que fazemos é um reflexo do que somos. Embora seja importante buscar informação séria e de qualidade, orar, considerar as opções para tomar algumas decisões práticas com relação aos cuidados com os nossos filhos, não podemos perder o foco daquilo que fomos chamadas para fazer: guiá-los pelo caminho da verdade, ensiná-los diligentemente não apenas por palavras, mas sendo exemplo em tudo.

Algumas vezes nos tornamos extremistas discutindo que tipo de alimentação será mais apropriada, se devemos deixar o bebê dormir no berço ou devemos fazê-lo dormir no colo, se eletrônicos devem ou não ser permitidos e por quanto tempo... Porém a verdade é que, mais do que aquilo que fazemos, quem somos é o que *verdadeiramente* refletirá na vida dos nossos filhos. Métodos podem nos ajudar, mas eles não são um fim em si mesmos.

Certo dia, Jesus, conversando com os Seus discípulos, falou sobre isso. Os fariseus, os "sabe-tudo" da época, adoravam se apegar a detalhes e discuti-los até não poder mais, muitas vezes fazendo uma "tempestade em copo d'água" e se esquecendo do que realmente importa: o amor.

Num desses encontros, Jesus foi bem claro ao explicar para eles que o que realmente importava, que o que de fato tem poder de contaminar o homem, de estragar uma vida, não são atitudes exteriores, mas sim aquilo que provém do interior, do coração.

Tudo que comem passa pelo estômago e vai para o esgoto, mas as palavras vêm do coração, e é isso que os contamina. Pois do coração vêm maus pensamentos, homicídio, adultério, imoralidade sexual, roubo, mentiras e calúnias. São essas coisas que os contaminam. Comer sem lavar as mãos não os contaminará. —MATEUS 15:17-20, KJA

A maternidade, assim como o casamento, é uma lupa que aumenta a realidade e traz à tona tantas coisas de nossa vida, que em outra situação não veríamos com tanta clareza. Com amigos e conhecidos podemos esconder os nossos erros e empurrar certas coisas para debaixo do tapete. Já dentro de casa, a história é bem diferente. Aqueles que convivem conosco diariamente nos conhecem sem as nossas máscaras ou falsidades. Podemos impressionar os nossos filhos com palavras ou mantendo certa pose, mas a verdade é que eles percebem quando estamos ensinando ou falando algo que não vivemos, ou que não cremos e quando estamos sendo reais e autênticos. Lembro-me de duas histórias em minha vida que ilustram bem esse ponto.

Em certa época do meu casamento, tornei-me extremamente crítica em relação ao meu marido. Não falo isso com orgulho, de modo algum. Eu criticava a rota que ele escolhia para nos levar a determinado lugar; criticava quando ele estava me ajudando com o serviço da casa; reclamava que ele era muito lento.

Um dia, mais uma vez, fiz um comentário negativo com ele, reclamando de algo que nem me lembro mais, de tão sem importância que era. Depois de ter despejado minha crítica sobre meu marido, percebi que meu filho, na época com uns 5 aninhos, olhou para mim de modo diferente. Na tentativa de consertar a situação eu disse para ele: "Brincadeirinha". O meu menino disse com a maior sinceridade de uma criança: "A mamãe é engraçada! Fala as coisas e depois diz que está brincando, mas não está brincando, está dizendo de verdade". Confesso que poucas vezes em minha vida eu me senti tão envergonhada e convencida de um erro, ao perceber que o meu criticismo não estava passando despercebido pelo meu filho. E não adiantava eu tentar maquiar as minhas atitudes dizendo um "foi brincadeirinha", depois de uma crítica desnecessária. Eu realmente precisava de uma mudança em meu coração nessa área.

Alguns anos se passaram e atravessei uma fase difícil na área de contentamento, de realização pessoal. Tínhamos o plano de um dia nos mudarmos para um local que fosse mais apropriado para os meninos. A casa onde morávamos foi comprada pelo meu marido quando ainda era solteiro e embora fosse uma casa boa, não era a melhor opção para as crianças. A casa era grande por dentro, mas não tínhamos nenhum pedacinho de jardim ou quintal para os meninos brincarem. Toda as vezes que eles queriam brincar fora da casa eu tinha que caminhar com eles até uma área mais segura, no final da rua.

Por anos fizemos isso, mas depois de um tempo eu vi a necessidade de mais espaço privativo para eles. Eu sonhava com uma casa que tivesse um grande quintal para plantarmos uma horta, um lugar onde eles pudessem brincar enquanto eu cozinhava ou limpava a casa sem ter de me preocupar com carros passando ou pessoas estranhas. Desejava poder chamar os nossos amigos com os seus filhos e bater papo fazendo um churrasco enquanto as crianças brincavam de bola e subiam nas árvores.

Era um desejo bom e oramos por isso, planejamos e começamos a economizar e a nos organizar para podermos fazer a mudança. Foram alguns anos de planejamento e organização para a tão desejada compra da nova casa. Olhávamos casas na Internet, dirigíamos por vizinhanças para onde gostaríamos de nos mudar e sonhávamos com um lugar bem legal para os nossos filhos.

O problema é que as coisas não aconteceram como desejávamos e a tal mudança foi adiada várias vezes. O tempo todo eu tentava lembrar a mim mesma que deveria ser grata por tudo o que tinha, em vez de ficar concentrada naquilo que gostaria de mudar. Mas a verdade é que eu fiquei descontente e mais uma vez, percebi que não adianta querer disfarçar a sujeira que estava contaminando meu coração. Meu marido e filhos percebiam o meu descontentamento e quando nos reuníamos para orar antes das refeições, eles oravam pedindo pela casa. Mas não oravam porque era algo importante para eles; oravam porque sabiam que a mamãe queria muito, e isso a faria mais feliz.

Acontece que, na mesma época, estávamos ensinando a eles sobre como o nosso contentamento e a nossa alegria não devem depender de circunstâncias perfeitas (FILIPENSES 4:11-13). Por mais que lêssemos os versículos juntos ou conversássemos sobre como não é necessário ter muito e mais brinquedos para ser uma criança feliz, eu me sentia uma verdadeira hipócrita, porque em meu coração eu acreditava e agia de modo contrário, dando a entender que seríamos muito mais felizes depois que nos mudássemos para uma casa nova.

Também percebi que, para meus filhos, era mais negativa a minha falta de contentamento do que o fato de estarmos em uma casa que não tinha espaço para eles brincarem. Da mesma maneira que o meu criticismo sobre o meu marido era mais negativo para os meninos do que meu marido fazer algo que talvez não fosse a minha primeira escolha, algo que na minha opinião não era a melhor opção. Por exemplo, os meninos vão dormir às 20h30. Por um tempo eu mantive um programa de rádio sobre maternidade às segundas-feiras e nesses dias, meu marido era quem os colocava para dormir. Ele levava mais tempo para fazer a rotina diária e eu ficava irritada porque os meninos iam para a cama mais tarde e no dia seguinte eles tinham escola. Mas os 30 minutos a menos de sono, na verdade, eram bem menos prejudiciais do que a minha irritação pelo fato de as coisas não saírem exatamente do meu jeito.

Não demorou muito tempo até que eu percebesse que a maternidade é uma escola intensiva de tratamento do nosso caráter. Os nossos filhos, convivendo diariamente conosco, percebem, ainda que intuitivamente, desde a tenra idade, quando algo que falamos não é coerente com o que vivemos.

E é muito triste quando começamos a observar neles a repetição dos nossos hábitos que não os mais positivos, que não são hábitos construtivos. A Palavra de Deus ensina que, "Acima de todas as coisas, guarde seu coração, pois ele dirige o rumo de sua vida" (PROVÉRBIOS 4:23).

Como pais, o que vamos transmitir para a nossa família, para os nossos filhos, para os que estão próximos a nós, não é um conhecimento externo vindo de um *website* onde lemos algo que nos ensina a receita perfeita para criar filhos de sucesso. O que vamos transmitir é aquilo que está enraizado em nosso coração, aquilo que carregamos em nossa alma, aquilo em que realmente cremos, a perspectiva pela qual vemos a vida, os relacionamentos pessoais e o mundo.

O que transmitiremos é o que verdadeiramente somos. Por isso, precisamos ouvir atentamente o conselho de Provérbios e guardar o nosso coração. Guardar o nosso coração da amargura que contamina a muitos, da falta de perdão, da murmuração, da inveja, da ingratidão entre tantas outras raposinhas que querem destruir a nossa vinha (CÂNTICOS DOS CÂNTICOS 2:15).

Tenho dado aula para crianças na igreja por muitos e muitos anos, e nas conversas que temos em sala de aula percebo nelas um reflexo daquilo que está no coração dos pais. Uma criança com a qual convivi tinha rancor do pai, pois a mãe sempre reclamava que era infeliz por causa da forma de ser do marido. Outro comentava com frequência como seus pais tinham muito medo de ter que ir embora dos Estados Unidos e voltar para o país de origem, e ele disse que sofria crises de ansiedade por esse motivo.

Isso quer dizer que precisamos ser perfeitas para ser boas mães? De maneira alguma!. O que realmente precisamos é estarmos atentas e abertas à condução do Espírito Santo. É Ele quem nos guia, nos orienta e nos mostra, como no meu caso com o criticismo e a falta de contentamento, o que está alojado em nosso coração. Somos vasos nas mãos do Oleiro. Ele, com paciência, misericórdia e amor tem nos ensinado a sermos mulheres que refletem a imagem do Senhor na Terra.

Isaías 40:11 traz uma ilustração linda sobre o cuidado que Deus dispensa a cada mãe: "Como pastor, ele alimentará seu rebanho; levará os cordeirinhos nos braços e os carregará junto ao coração; conduzirá ternamente as ovelhas com suas crias". Outra versão em inglês (*New Living Translation*) diz "Ele guiará gentilmente a mãe ovelha com seus filhotinhos". O Senhor sabe da nossa missão. Ele sabe das tantas vezes que nos sentimos inseguras, angustiadas, desanimadas. Mas Ele prometeu guiar mansa e gentilmente, com calma a todas as Suas ovelhas que carregam os seus pequenos. Podemos confiar nesse Pastor, sim, podemos confiar!

Um ambiente de amor e não de perfeccionismo

Uma das coisas que têm roubado a alegria de muitas mulheres é acreditar que precisamos ter a casa, a família, o trabalho e o marido perfeitos para sermos felizes ou sermos aceitas. Mas quando consideramos o que a Palavra de Deus nos diz, vemos que esse conceito está longe da verdade que o Senhor planejou para nós. Por exemplo, quando consideramos o fruto do Espírito Santo, vemos que ele é "amor, alegria, paz, paciência, amabilidade, bondade, fidelidade, mansidão e domínio próprio" (GÁLATAS 5:22,23). No entanto, não consta que "perfeição" seja parte desse fruto.

Se lermos 1 Coríntios 13, o grande capítulo sobre o amor, no qual Paulo fala acerca dos dons espirituais, o apóstolo coloca o amor acima de qualquer outro dom que possamos ter. O nosso lar e a nossa vida devem irradiar o amor, nem sempre (ou nunca) o perfeccionismo. Um lugar onde nós mesmas, nossos filhos e nossos maridos temos a liberdade de nos convencermos de que todos somos uma obra em construção. "Tenho certeza de que aquele que começou a boa obra em vocês irá completá-la até o dia em que Cristo Jesus voltar" (FILIPENSES 1:6).

Aceitar que somos uma obra inacabada traz liberdade para podermos crescer em paz, liberdade para amadurecermos. Aceitar que por mais que o nosso objetivo seja acertar sempre, é natural que de vez enquanto cometamos erros. Saber isso nos liberta e tira um peso dos ombros daqueles que estão ao nosso redor, o peso da obrigação de ser perfeito, de nunca cometer erros.

O nosso lar deve ser um lar para o qual o filho pródigo sabe que poderá voltar a qualquer momento, posto que não será recepcionado com reprimendas do tipo: "Eu te disse". Será recebido com o amor do Pai que se alegra profundamente quando aquele que estava longe vem para perto. Um lar onde os nossos pequenos saibam que de vez em quando a mamãe ou o papai podem ficar chateados ou serem injustos por serem humanos, mas que servem o Deus que nunca falhará conosco. Um lar onde o alvo não é que tudo seja sempre executado com perfeição, mas com excelência e amor. Um lar onde os nossos pequenos saibam que derrubar um suco ou tirar uma nota baixa na prova não os torna incompetentes ou sem valor.

Em um lar assim, eles podem saber que o perdão e a misericórdia falam mais alto do que o perfeccionismo. Um lar onde todos saibam que nenhum de nós é digno de atirar a primeira pedra e que o Único que seria digno de fazê-lo, olha nos nossos olhos e diz: "Eu também não te condeno. Siga a jornada e seja transformado pelo meu amor". Disciplina e correção não significam intransigência e falta de misericórdia. Deus é um Pai que corrige o filho que ama, mas essa correção vem como consequência do amor.

A alegria

Filhos são presentes de Deus. Mas quando começamos a focalizar muito no *fazer* em vez do *ser*, o presente se transforma em um fardo, como mencionado no início deste livro... lembra-se? Jesus fora visitar as irmãs Marta e Maria. Ele era amigo da família, era Alguém importante, seguido por muitos que admiravam Sua maneira de falar e Sua sabedoria, e as pessoas ficavam estarrecidas com os milagres que Ele realizava. Porém, para Marta, o presente de ter Jesus em sua casa virou um peso.

Da mesma forma, muitas de nós sonhamos, oramos, clamamos e até choramos pedindo a Deus uma família, um esposo, filhos. Mas em algum ponto da jornada perdemos o foco e nos esquecemos de valorizar, de aproveitar, de honrar o presente que nos foi confiado. Tratamos esse presente como um fardo. Murmuramos com relação às responsabilidades que esse presente acarreta. Esquecemo-nos de que a infância dos nossos filhos também é apenas uma passagem, uma estação em nossa vida. Agindo assim, permitimos que as responsabilidades e ansiedades nos roubem a alegria, a honra, o presente de Deus, que são os nossos filhos. Desgastamo-nos com o que não é essencial.

*Por que gastar seu dinheiro com comida
que não fortalece?*
Por que pagar por aquilo que não satisfaz?
*Ouçam-me, e vocês comerão o que é bom e se
deliciarão com os alimentos mais saborosos.*
*Venham a mim com os ouvidos bem abertos;
escutem, e encontrarão vida...* —ISAÍAS 55:2,3

Quantas e quantas vezes gastamos nossas energias naquilo que não é pão, naquilo que não é essencial? Ao contrário, nos preocupamos com as roupas de marca que os filhos dos nossos amigos usam. Achamos que para o nosso pequeno ser feliz, ele precisa ter uma festa de aniversário em um estrondoso *buffet* infantil ou precisam ir à Disney. Desgastamo-nos com a casa, que tem que estar sempre impecável caso apareça alguma visita; afinal de contas, o que pensarão de nós se houver um brinquedo fora do lugar?

Cobramo-nos, comparamo-nos, sobrecarregamo-nos excessivamente com aquilo que Deus nunca nos disse ser necessário para que sejamos boas mães e tampouco os nossos filhos necessitam, e quando vemos, estamos como Marta: atarefadas, assoberbadas e infelizes.

Trocamos a alegria como fruto do Espírito pela murmuração. Como Marta, irritamo-nos quando olhamos para o lado e vemos outras pessoas que, aos nossos olhos, não estão fazendo o suficiente, vivendo de forma satisfatória e alegre, e no fim das contas *o presente vira um fardo*.

Sobrecarga

Certa feita, resolvi fazer um passeio com os meus filhos. Era um dia de inverno, mas o Sol estava bem bonito já pela manhã.

Vesti-me de acordo com a estação colocando muitas roupas de frio, vários casacos e uma meia bem grossa por baixo da calça. Também levei uma sacola grande cheia de lanches, levamos as bicicletas, brinquedos e bolas para os meninos.

Quando chegou ao meio do dia, o Sol tinha esquentando tanto que parecia um dia de verão. Eu suava e além de tudo, estava carregada de coisas para levar, além do meu filho mais novo que estava cansado de andar e queria colo. O dia estava lindo, o céu azul sem nenhuma nuvem e o parque onde estávamos passeando era lindo, com árvores centenárias. Mas eu estava tão sobrecarregada com tantos casacos, coisas para carregar e preocupada caso um dos três filhos saísse do alcance dos meus olhos, que não consegui curtir o passeio.

Deus, em Sua imensa sabedoria, nos deu um dia com 24 horas e eu acredito que Ele sabia exatamente o que estava fazendo. Não creio que Ele nos daria uma missão impossível. Parece-me, no entanto, que assim como Marta, talvez nós mesmas nos sobrecarregamos por conta própria, colocando sobre os nossos ombros responsabilidades e ansiedades que não nos cabem. Gastamos dinheiro (e nosso esforço, nossas emoções, nosso melhor) naquilo que a sociedade julga importante, mas que não satisfaz a nossa alma.

Joy Forney é uma missionária americana que, juntamente com seu marido e cinco filhos, serve a Deus em Uganda. Ela se sentia como Marta, preocupada por não estar fazendo o suficiente por sua família, por missões, para Deus. Então, certa manhã, ela decidiu resolver a situação escrevendo um e-mail para o seu marido. A resposta, no entanto, foi muito diferente do que ela esperava. A história toda está registrada em seu livro *The heart of marriage — Stories that celebrate the adventure of life together* (O cerne do casamento — Histórias que celebram a aventura de vida juntos, Editora Revell, 2017).

Algum tempo atrás, eu mandei uma lista para o meu marido, das coisas que eu achava que ele gostaria que eu fizesse durante o dia em casa. Pedi para que ele pusesse a lista em ordem de prioridade, do mais para o menos importante. Esta foi a lista que eu fiz pra ele:

- Roupas limpas e passadas
- Refeições completas, com várias opções
- Pão caseiro feito diariamente para seus sanduíches
- Checar e-mails e respondê-los
- Escrever notas de agradecimento para todos nossos mantenedores
- Ser hospitaleira e estar sempre recebendo pessoas em nossa casa
- Fazer trabalhos para a comunidade
- Casa limpa, sem brinquedos espalhados
- Ter sempre bolachinhas e um chá pronto quando você chegar em casa.

Esta foi a resposta do meu marido:
"Querida, muito obrigado por me perguntar, mas eu prefiro que você deixe de lado todas estas coisas se for necessário para que você comece o dia com a certeza de que eu te amo, e como consequência de você saber que eu te amo, e, portanto, que, em qualquer coisa que eu faça ou diga, você me dê o benefício da dúvida de saber que eu fiz com boas intenções porque eu te amo. Descanse e diga não para algumas coisas, para que você possa ter energia para ser gentil e legal comigo e com as crianças. Honestamente, eu aprecio tudo o que você faz, mas estas coisas já não se tornam importantes se o preço

delas é sua atitude conosco. Talvez você ache que eu penso que você é uma má esposa ou mãe se você não consegue realizar todas estas coisas da lista, mas isso não é verdade. Eu prefiro ter uma casa um pouco desorganizada, ter que fazer sanduíches com pão comprado, não ter todas as deliciosas coisas feitas em casa, mas ter uma esposa feliz, realizada e gentil que gosta de mim, ao invés do contrário. Então, para resumir, a sua demonstração de amor para nossa família tem mais a ver com QUEM você é do que com o que você faz. Eu me casei com minha melhor amiga, e é ela que eu quero ter do meu lado, pois eu não casei com minha empregada."

Considero que servir, cuidar do nosso lar, para que este seja um ambiente agradável para os que vivem ali, é uma demonstração de amor. Mas é preciso ter em mente que as coisas que fazemos são um meio de servir a quem amamos e não o contrário. Por exemplo, se a casa impecável é o nosso objetivo e a meta principal, vamos nos estressar e nos aborrecer cada vez que algo não estiver milimetricamente no lugar. Conheci uma senhora que não deixava seu filho de 3 anos comer nada sozinho, alegando que ele poderia deixar cair comida no chão ou sujar a toalha. Para aquela mulher, talvez fosse de modo inconsciente, a casa perfeita tinha mais valor do que seu filho experimentar e aprender as coisas à sua volta. Ela sacrificou o desenvolvimento do filho em benefício de objetos certos nos lugares adequados.

A preocupação com o futuro

Corrie ten Boom, uma mulher holandesa que viveu durante o nazismo e junto com sua família escondeu dezenas de judeus em sua casa, foi presa e enviada para um campo de concentração onde viu e viveu horrores como poucas pessoas na Terra. Ela disse: "A preocupação não esvazia o amanhã de suas tristezas, mas esvazia o hoje de sua força".

Jesus nos diz em Sua Palavra que não devemos andar ansiosos por coisa alguma, antes, que colocássemos as nossas necessidades diante de Deus. A preocupação tem o poder de nos levar a uma vida que ainda está no futuro em vez de nos dar o contentamento da dádiva do dia presente.

Como seres humanos, somos limitados e não conseguimos estar presentes em dois momentos ao mesmo tempo. Se a nossa mente, a nossa alma e as nossas emoções estão focadas no futuro, lá na preocupação com as contas do fim do mês, podemos estar na sala brincando com o nosso filho, mas não estaremos verdadeiramente presentes ali.

Esse tipo de preocupação pode ser algo aparentemente simples. Um dia desses fui levar os meus filhos ao parque depois da escola, mas não tinha deixado nada organizado para o jantar. O tempo todo que estava ali com eles, estava preocupada porque eles iam sair do parque com fome e eu não teria nada pronto. Quando eles diziam: "Mamãe, olha eu, mamãe olha eu", eu respondia com um "aham", mas estava distraída pensando no jantar. Seria melhor ter brincado com eles por menos tempo, ido embora a tempo de preparar algo do que ficar inquieta com isso.

Outras vezes, a preocupação vem na forma de medo do futuro. Receio de ficar viúva, medo do marido perder o emprego, temor de que os nossos filhos não sejam bem-sucedidos na vida adulta. O medo, quando se enraíza em nosso coração, ocupa o lugar da fé e o fruto não é agradável.

A ansiedade deixa a nossa alma inquieta, e a inquietude da alma tira a nossa paz. Olhando para trás, os meus dias mais difíceis como mãe, não foram os dias em que meus filhos estavam doentinhos ou se comportando mal. Os dias mais difíceis foram os dias em que a minha alma estava inquieta, agitada por algum tipo de preocupação infundada.

Jesus sabia que no mundo teríamos aflições, ansiedades e angústias. Mas Ele também nos concedeu a solução em Sua preciosa Palavra: "Não vivam preocupados com coisa alguma; em vez disso, orem a Deus pedindo aquilo de que precisam e agradecendo-lhe por tudo que ele já fez. Então vocês experimentarão a paz de Deus, que excede todo entendimento e que guardará seu coração e sua mente em Cristo Jesus" (FILIPENSES 4:6,7).

Quando aprendemos a entregar todas as nossas preocupações e ansiedade a Cristo através da oração, além de nosso coração ficar repleto da paz de Deus que transcende todo entendimento, também estaremos arraigando no profundo da alma dos nossos filhos o hábito de confiar em Deus em meio às aflições e dificuldades, hábito que eles levarão com eles para a vida adulta.

Como lidar com a culpa?

Culpa: Responsabilidade por dano, mal, desastre causado a outrem. A Bíblia nos ensina que todos somos culpados. Todos pecamos e estamos afastados da Glória de Deus. Mas a Palavra de Deus também nos ensina que por meio da fé em Cristo, na Sua morte e na ressurreição, nascemos de novo. Quando nascemos de novo, já não somos escravos do pecado, nem da vergonha e nem da culpa.

Muitas mães sentem-se culpadas pelos erros que cometeram ou por circunstâncias sobre as quais não têm controle. A mãe solteira que se culpa pelo filho não ter o pai. A mãe que sofre por ter recursos financeiros limitados, ou aquela que tomou uma decisão errada que afetou toda a família.

A culpa pode ter certa função em nossa vida: a de alertar que algo não está bem.

Existe um sentimento de culpa que vem como um aviso da nossa consciência de que algo precisa ser mudado, e é bom prestar atenção nesse sinal e efetuar as mudanças necessárias. Talvez sejam nossas prioridades que precisam ser reorganizadas, talvez não estamos sendo justas com nossos filhos, ou falhamos em discipliná-los porque disciplinar dá trabalho. Se este for o caso, precisamos olhar com honestidade para a situação, pedir perdão, se for necessário (sim, eu acredito que temos que mostrar para nossos filhos que somos suscetíveis a erros e pedir desculpas quando erramos — claro que levando em consideração a idade e o entendimento deles), acertar o que estava errado e continuar. O remorso não traz benefício algum, já o arrependimento e a mudança de direção, sim.

A Palavra de Deus nos mostra passagem após passagem o amor compassivo do Senhor. Ele é perdoador. Ele é misericordioso e tem a habilidade de transformar e fazer novas todas as coisas. Onde havia erro e vergonha, Ele traz dupla honra. Então, como mães, como devemos lidar com a culpa? Primeiramente, confessando nosso pecado e nos arrependendo. Abandonando aquilo que desagrada a Deus. Recebendo o Seu maravilhoso perdão e crendo que Ele é fiel e justo para nos perdoar de todo pecado e nos limpar de toda iniquidade (1 JOÃO 1:9). Pelo sacrifício de Jesus, somos livres de toda culpa! Já não precisamos viver debaixo da acusação e condenação: "Agora, portanto, já não há nenhuma condenação para os que estão em Cristo Jesus" (ROMANOS 8:1).

O lar perfeito

Dias atrás, como de costume, fomos à igreja no domingo pela manhã. Quando estávamos no carro, o Christian, meu esposo, disse que um amigo tinha nos convidado para irmos almoçar na casa dele, logo que saíssemos da igreja. Conhecendo o nosso amigo, que é bem extrovertido e amigável, e percebendo que se tratava de um convite de última hora, perguntei ao Christian: "Será que ele avisou a esposa sobre esse convite?". "Imagino que sim", foi a resposta dele.

Confesso que fiquei com uma "pulga atrás da orelha". Sou casada há tempo suficiente para saber que para os homens tudo parece mais simples. Eles pensam: *Já que estamos grelhando uma carne, por que não convidar os amigos?* Já nós, mulheres, preocupamo-nos se a casa está arrumada, se as crianças estão limpas, se vamos ter tempo de deixar a mesa posta e se temos sobremesa para servir depois da refeição.

Chegando à casa deles, percebi que estavam demorando bastante para atender a campainha. Uns longos minutos depois, a esposa veio até a porta e nos convidou a entrar. Ela estava um pouco constrangida, mas foi muito simpática e amigável, como sempre. Assim que chegamos, fui ajudá-la a preparar o almoço e começamos a conversar. Não demorou muito para que as minhas suspeitas se confirmassem.

O marido dela ligou primeiro para nós e só depois a avisou que estávamos indo almoçar com eles. Enquanto ela, mãe de quatro lindas crianças, incluindo um bebê de dois meses, carinhosamente preparava uma refeição para nós, imaginei quais pensamentos passavam por sua mente. Até que ela disse: "As coisas nem sempre são como eu gostaria", referindo-se à rotina de uma casa com quatro crianças. Mal sabia ela que a minha mente e olhos também estavam muito ocupados, mas de uma maneira bem diferente do que ela imaginava.

Enquanto se preocupava em como eu estaria vendo a bagunça da sua casa, eu via uma casa alegre, cheia de vida, com crianças livres para aprender, experimentar e errar.

Por trás da louça da noite anterior ainda na pia, eu via uma mulher que, depois de um dia cansativo, preferiu sentar-se na varanda ao lado do marido e deixar os pratos para depois. E como ela precisava daquele momento somente com ele! Ouvir os sonhos dele, contar os seus e conectar-se novamente tomando uma xícara de chá.

Sei, querida amiga, que junto com a louça do jantar também tem a do café da manhã: ovos, panquecas e café. De novo, vejo uma mulher corajosa e forte, ainda cansada, pois o bebê acordou diversas vezes para mamar e ela teve de levantar-se e depois preparou o café da manhã para a sua família enquanto o marido arrumava as crianças. Sei que até passou por sua cabeça ficar em casa enquanto o marido ia para a igreja com as crianças, assim poderia pôr em dia todo o trabalho de casa. Mas não! Amamos estar com nossa família aos domingos pela manhã, rever as amigas, bater papo e receber o tão necessário refrigério da Palavra de Deus.

Enquanto almoçávamos, vi quando segurou na mão do esposo. Quando fez isso, vi uma mulher cheia de graça para oferecer. Uma mulher nessa situação até pode ter ficado irritada com o marido por não consultá-la antes de nos convidar para almoçar, mas já tinha passado. Afinal, o que é o casamento senão um constante perdoar?

Quando nos sentamos ao redor da mesa para comer, o que me chamou atenção não foram as cadeiras manchadas de suco de uva nem os pratos de plástico surrados das crianças. Tampouco o cheiro delicioso da carne grelhada, das deliciosas batatas cozidas. Foi o amor que exalava de sua vida, o agradável perfume de Cristo que envolvia aquela família.

Uma casa é feita de tijolos e pedras, mas só o amor pode edificar um lar.

Se eu falasse as línguas dos homens e dos anjos, mas não tivesse amor, seria como um sino que ressoa ou um címbalo que retine. Se eu tivesse o dom de profecias, se entendesse todos os mistérios de Deus e tivesse todo o conhecimento, e se tivesse uma fé que me permitisse mover montanhas, mas não tivesse amor, eu nada seria. Se desse tudo que tenho aos pobres e até entregasse meu corpo para ser queimado, e não tivesse amor, de nada me adiantaria.

O amor é paciente e bondoso. O amor não é ciumento, nem presunçoso. Não é orgulhoso, nem grosseiro. Não exige que as coisas sejam à sua maneira. Não é irritável, nem rancoroso. Não se alegra com a injustiça, mas sim com a verdade. O amor nunca desiste, nunca perde a fé, sempre tem esperança e sempre se mantém firme. Um dia, profecia, línguas e conhecimento desaparecerão e cessarão, mas o amor durará para sempre. —1 CORÍNTIOS 13:1-8

PAUSA PARA REFLEXÃO

1. Tenho focado demasiadamente em métodos e coisas secundárias e esquecido de guardar meu coração?

2. Dentro do meu lar, o que fala mais alto? O perfeccionismo ou o amor?

3. Será que tenho me parecido como Marta? Será que tenho visto meus filhos, minha família, como um peso em vez de um presente?

8

A maior lição que posso ensinar

Chegamos ao último capítulo e gostaria de iniciá-lo com algo que li que me impactou: "A vida não é um problema a ser resolvido, mas uma realidade a ser experimentada" (Søren Kierkegaard).

Por muitos anos vivi minha vida como um problema, uma equação a ser resolvida. Trafegava de área em área tentando solucionar todos os embaraços e ter certeza de que tudo estava sob o meu controle para, então, ser feliz.

Em minha mente, existia um *script* perfeito a ser seguido para chegar ao "e viveram felizes para sempre". No *script*, estava a faculdade, o casamento, uma carreira de sucesso, filhos, uma vida financeira estável.

Acreditava que quando alcançasse esses objetivos, nada mais me perturbaria. Via a vida como uma novela na qual os personagens passam por problemas e desencontros, mas em determinado momento encontram a felicidade plena. E quando me tornei cristã, aí sim achei que todos os meus problemas estariam resolvidos. *Se fizer tudo certinho e seguir todas as regras, claro que Deus me abençoará e tudo será perfeito,* pensava. Acreditava que ser cristã era uma garantia de vida sem problemas.

Alguns anos de caminhada e a vida adulta logo tratou de me mostrar que as circunstâncias ao meu redor jamais seriam perfeitas. O próprio Jesus deixou isso claro: "Eu lhes falei tudo isso para que tenham paz em mim. Aqui no mundo vocês terão aflições, mas animem-se, pois eu venci o mundo" (JOÃO 16:33).

Mesmo em épocas de alegria e conquistas enfrentaremos dificuldades e viveremos dias difíceis. Sendo assim, temos as seguintes opções: Deixar as circunstâncias roubarem a nossa paz e alegria, ou aprender que podemos ser felizes apesar das circunstâncias? Nosso bom ânimo, nossa alegria e paz não estão baseadas na falta de aflições, mas no fato de que Jesus venceu o mundo.

Do mesmo modo como precisei reajustar os meus objetivos com relação à vida, assim foi com a maternidade. Se meus objetivos como mãe forem criar filhos que tenham bom comportamento, que tenham sucesso e que impressionem os que estão à nossa volta, certamente me frustrarei.

O Pastor Tedd Tripp em seu aclamado livro *Pastoreando o coração da criança* (Ed. Fiel, 2017) ensina a examinar quais são nossos objetivos como pais e o que consideramos como "alcançar o sucesso". Se considerarmos o sucesso como o mundo o define, nos tornaremos escravos da ideia de criar filhos que recebam a aprovação e os aplausos dos outros. Mas quando o nosso objetivo é criar filhos que conheçam e glorifiquem a Deus, já não estamos apenas preocupados em mudar atitudes exteriores, mas em ajudá-los a perceber o que está dentro do coração deles e lhes indicar a necessidade do Salvador.

Comecei este livro falando da importância de observarmos, como mães, o que tem habitado o nosso coração. Como vemos o mundo à nossa volta? Quais são os nossos desejos? O que é mais importante para nós? Falamos sobre como a Bíblia nos ensina que acima de tudo que devemos guardar, precisamos guardar, nosso coração. Abordamos o fato de que mais do que aquilo que fazemos, quem somos é o que gerará frutos bons ou maus. Uma árvore de maçã não produz uvas. Embora isso seja óbvio, as pessoas parecem não refletir muito sobre isso.

Tudo o que falamos com relação a nós mesmas se aplica aos nossos filhos. Assim sendo, o nosso objetivo não é apenas criar crianças que tenham atitudes exteriores que mereçam aplausos da sociedade, mas ensinar os nossos filhos a confrontar o que está dentro do coração deles. Por exemplo, uma criança que não gosta de ajudar nos afazeres domésticos. Podemos apenas tratar seu comportamento, que é apenas a ponta do iceberg, exigindo que ela ajude em casa. Ou podemos ajudar os nossos filhos a enxergarem o pecado que está por trás dessa atitude: o egoísmo e o desejo de ser servido em vez de servir.

Quando a criança começa a desenvolver a percepção daquilo que está dentro do seu coração e qual é a motivação por trás de suas atitudes, ela terá condições de perceber a sua natureza pecaminosa e a necessidade da salvação através de Jesus. Então minha maior missão como mãe é evidenciar Cristo. O relacionamento reconciliado com Deus através de Cristo é o que nossos filhos mais precisam, e nós também!

O jugo da perfeição

Um dia eu estava irritada com os meus filhos por estarem reclamando e brigando o dia inteiro por coisas tão pequenas. Eles discutiam a cada refeição sobre quem usaria um copo azul, velho e bastante surrado, que tínhamos em casa. Cansada da briga por causa do copo azul, brava, joguei-o no lixo. Fiquei irritada por eles discutirem por essas coisas pequenas.

Depois de um tempo, caí em mim e percebi que quantas e quantas vezes, nós, adultos, também sofremos por coisas que, aos olhos do Pai e através das lentes da vida eterna são tão pequenas. Para meus filhos é o copo azul. Para mim é quem ganhou o elogio do chefe no trabalho ou a raiva por não ter sido convidada para alguma festa.

Quantas vezes eu mesma discuti com o meu marido por causa do caminho que deveríamos pegar para irmos a algum lugar ou por causa da marca do leite que ele comprou. Como posso exigir dos meus filhos algo que eu mesma não faço?

Como mãe, creio que o meu objetivo não deve ser apenas criar os filhos que não cometem erros ou que sempre se comportem de forma apropriada. Eu mesma cometo erros constantemente — quem não os comete? Então, posso educá-los e exigir certa disciplina, mas penso que não posso exigir isso deles com tamanho rigor como fazia antes. Devo, isso sim, guiá-los e ajudá-los a aprender daquele que nunca comete erros, mas que mesmo assim nos oferece um jugo leve: "Venham a mim todos vocês que estão cansados e sobrecarregados, e eu lhes darei descanso. Tomem sobre vocês o meu jugo. Deixem que eu lhes ensine, pois sou manso e humilde de coração, e encontrarão descanso para a alma. Meu jugo é fácil de carregar, e o fardo que lhes dou é leve" (MATEUS 11:28-30). Em vez de exigir a perfeição, devemos buscar, juntos, aprender constantemente daquele que pode transformar nosso coração.

A minha experiência com três filhos e anos de ministério não me ensinou a receita perfeita para criar filhos bem-sucedidos. Tampouco sei a receita para uma vida perfeita, sem aflições, dores e dificuldades. O que tenho descoberto nessa jornada é que mesmo em meio a um mundo imperfeito, convivendo com pessoas imperfeitas e vivendo circunstâncias que fogem ao meu controle e me desagradam, posso experimentar a vida em abundância que Cristo nos promete.

Essa vida abundante acontece como consequência de colocar minha esperança no Deus que me ama e em quem posso confiar mesmo quando, aos meus olhos, as circunstâncias não fazem o menor sentido. Por mais que eu tente evitar, os meus filhos enfrentarão problemas, decepções, dores e nem tudo sairá como diz o *script*. O meu desejo é ensiná-los a trafegar por este mundo, muitas vezes injusto e cruel, com seus olhos firmados no Deus perfeito. E quando os momentos de dúvida e decepção chegarem, que eles possam continuar guardando a fé, a esperança e o amor.

"Três coisas, na verdade, permanecerão: a fé, a esperança e o amor, e a maior delas é o amor" (1 CORÍNTIOS 13:13)

Ser mãe não é difícil, a vida é que é!

Os meninos brincam de construir uma casa de Lego na mesa surrada que está na cozinha. Entre o barulho das panelas que coloco sobre o fogão e da máquina de lavar roupa, que trabalha a todo vapor, ouço as risadinhas e suspiros deles!

—Esta casa que construí ficou grande, muita gente pode morar nela.

—E se a gente colocar uma cama aqui para os bonequinhos dormirem, o que você acha mamãe?

—Vai ficar legal — digo eu, mas eles não têm nem ideia de que minha mente está longe dali. —Não acredito que a concessionária vai fazer isto! Como eles não vão cobrir o reparo do carro se ele ainda está na garantia? Isso é desonestidade!, murmuro.

—Eles não vão arrumar o carro mamãe, mas e agora? — o mais velho me pergunta.

—Vai ficar tudo bem — digo eu.

De repente, todos esses sons são silenciados por um barulho maior. A prateleira de pratos cai inteira no chão, e um som de explosão se ouve pela casa. Vários pratos se estilhaçam em minúsculos pedacinhos no chão da cozinha, da sala e em cima do fogão.

Em meio à frustração, mando o Ian ficar quieto quando ele me pede uma sugestão para sua casinha.

—Você não viu o que aconteceu? Tem milhares de pedacinhos de caco pelo chão e vai levar muito tempo para eu juntar tudo.

Ele começa a se levantar da cadeira, e eu prontamente respondo:

—Fica aí, você vai se machucar com os cacos que estão por tudo.

E ele, com sua voz terna me diz:

—Eu estava indo no banheiro pegar um *band-aid* para você, sua perna está sangrando.

Mesmo eu tentando segurar, as lágrimas começam a escorrer pelo meu rosto. Lágrimas de alegria misturadas a lágrimas de frustração. Alegria de perceber que a maternidade é linda, é provavelmente a coisa mais linda da minha vida aqui na Terra. Frustração pelos pratos estilhaçados em milhares de pedacinhos no chão; frustração pelo sentimento de impotência diante do "não" da oficina, que deveria consertar nosso carro sem cobrar por causa da garantia; frustração comigo mesma, por me chatear com uma coisa tão pequena!

A maternidade não é difícil!

Ser mãe é provavelmente a sensação mais maravilhosa do Universo. O problema é que quando nos tornamos mães, o mundo não para de girar e nem a vida de acontecer.

A maternidade não é difícil, a vida é que às vezes é!

Pratos estilhaçados, corações partidos, planos desfeitos, sonhos frustrados…

Lembro-me do que li de Michelle Horton, uma outra mãe, que não tinha apenas pratos estilhaçados na cozinha, mas o coração partido por causa da luta do marido para se livrar de um vício: "Ninguém nos diz que a parte mais difícil de ser pais é ter que ser pais em meio a todas as outras coisas que acontecem em nossa vida. Na maioria das vezes, ter uma criança em casa é a melhor e a parte mais fácil da nossa vida; são todas as outras coisas que acontecem no dia a dia que tentam roubar nossa alegria e nos levar para um lugar de exaustão".

Esta frase não me sai da cabeça: "são todas as outras coisas…". Todas as outras coisas…

…sonhos desfeitos… pratos estilhaçados
crianças doentes, carros quebrados…
marido viciado, contas pendentes, país em crise, guerras
    por todos os lados,
câncer, depressão,
tristezas e decepção.
Para mim, pratos estilhaçados e carro quebrado
Para ela, depressão por causa do marido viciado
Para outras, enfermidade
Dores pequenas, dores profundas… dores que duram
    poucas horas num momento de tensão; dores que
    duram uma estação
Não! A maternidade não é difícil, a vida é que as
    vezes é!

Entretanto, é em meio às dores e dificuldades da vida que o amor é lapidado, como um diamante precioso. E em meio às dores profundas ou frustrações momentâneas por pratos quebrados, que aprendemos o que realmente significa amar.

Até que gostaria de ser mãe dentro de uma bolha que isola a mim e meus filhos de todas essas outras coisas que tentam nos levar para um lugar de exaustão. Mas não posso! Não posso porque eles precisam saber que pratos se quebram, que sonhos se frustram, que planos se desfazem. Que nem todos os dias são perfeitos e que sim, de vez em quando a mamãe chora, seja de alegria, seja de frustração!

Porém, acima de tudo, acima de pratos estilhaçados e carros quebrados, existe um amor maior, o amor que venceu o mundo! E porque Ele venceu, eles também podem vencer, conforme João 16:33. E que em meio a pratos estilhaçados, a corações partidos, a planos desfeitos, à enfermidade e à dor, ainda assim, somos mais que vencedores em Cristo Jesus. Nossa vitória não está em uma vida perfeita, tampouco em nunca errarmos como mães. Nossa vitória, e a vitória de nossos filhos, está em uma pessoa. Aquele que venceu o mundo, o pecado, o poder da morte, e que nos garante um futuro de satisfação, paz e alegria na presença dele de eternidade a eternidade: "O choro pode durar toda a noite, mas a alegria vem com o amanhecer" (SALMO 30:5). "Mas, apesar de tudo isso, somos mais que vencedores por meio daquele que nos amou" (ROMANOS 8:37).

> Que meus erros durante esta linda jornada chamada maternidade possam me levar ao arrependimento, a humildade e mostrar aos meus filhos o perdão que há em Cristo!
>
> Que meus acertos durante esta linda jornada chamada maternidade possam mostrar aos meus filhos a

graça de Cristo, que nos transforma de glória em glória! A graça que nos muda, que nos molda, que nos dá alegria e esperança.
Que tudo que eu for e tudo que eu fizer como mãe, possa evidenciar a Cristo!

"Pois todas as coisas vêm dele, existem por meio dele e são para ele. A ele seja toda a glória para sempre! Amém" (ROMANOS 11:36).

PAUSA PARA REFLEXÃO

1. Daqui a 20 anos, quando eu olhar para trás, o que realmente terá importado na jornada da maternidade?

2. Em Isaías 55:2 está escrito: "Por que gastar seu dinheiro com comida que não fortalece? Por que pagar por aquilo que não satisfaz?". Como mãe, tenho me desgastado excessivamente e me sobrecarregado com coisas que, na verdade, não têm a menor importância?

3. De tudo que vemos e ouvimos sobre a maternidade e sobre nossos filhos, o que realmente é importante? O que permanecerá no final das contas?

Sobre a autora

TATHIANA SCHULZE é jornalista formada pela PUC-PR. É casada com o engenheiro de software e pastor Christian Schulze. Eles vivem em Atlanta, nos Estados Unidos, desde 2003. Tathiana é mãe de três filhos: Joshua, Ian e Noah.

Ela é apaixonada por crianças e tem servido há mais de 15 anos em ministérios e departamentos que ministram à nova geração. Já pastoreou, junto com seu esposo, crianças, pré-adolescentes, adolescentes e jovens. Já participou de dezenas de cursos e atividades relacionados a educação de crianças e vida familiar, inclusive o curso Engajamento Familiar na Educação, promovido pelo departamento de ensino à distância da Universidade Harvard.

Depois de se tornar mãe, a paixão por trabalhar com crianças abriu os seus olhos e o seu coração para uma grande necessidade dentro da sociedade e do Corpo de Cristo: edificar, fortalecer e auxiliar as mães nesta linda jornada que também é cheia de desafios. Por conta desse desejo, Tathiana iniciou o *blog* **www.mamaereal.com**

A conexão com as mães foi imediata, e Tathiana começou a receber centenas de mensagens de mulheres que se sentem desencorajadas, desanimadas ou perdidas tentando equilibrar a vida de mãe e esposa com a carreira profissional, os afazeres domésticos e seus sonhos. Sua paixão é conscientizar cada mulher sobre a importância fundamental dos pais no desenvolvimento espiritual e emocional durante a infância dos filhos, encorajando-as a encontrar alegria e propósito em meio às dificuldades do dia a dia.

Tathiana é membro e serve na igreja Assembleia de Deus Ministério Semeadores de Boas-Novas por mais de 17 anos, debaixo da liderança do Pastor Saulo dos Santos (www.semeadores.com).

Contatos para convites
Tathiana Schulze
tathianaschulze@gmail.com
www.mamaereal.com